Taxi,
Take off
& Landing

Collection dirigée par Stéfanie Delestré

ISBN 978-2-84219-479-6

Sébastien Gendron

Taxi, Take off & Landing

« Hein ?! »

ÉDITIONS BALEINE

Je fais souvent ce rêve étrange et pénétrant
D'une femme inconnue, et que j'aime, et qui m'aime
Et qui n'est, chaque fois, ni tout à fait la même
Ni tout à fait une autre, et m'aime et me comprend.

Paul Verlaine

And now I'm rid of her I must confess
To thinking 'bout what might have been
And I can visualize my frog princess
Beneath a shining guillotine

The Divine Comedy

Je la regardai dans les yeux et je vis, comme dans une boule de cristal, une vie heureuse avec trois enfants et une propriété à Kuala Lumpur. Il y avait tout cela dans les yeux qui me regardaient. Alors, sans hésitation, je l'ai embrassée...

L'Histoire tragique de l'homme qui tombait amoureux dans les aéroports
Santiago Gamboa

À ma mère,
À ma grand-mère,
À mon arrière grand-mère
Et à leur île.

Première partie :

Taxi

— Allô ?

— Papa ?

— Qui est l'appareil ?

— Papa, c'est moi !

— Qu'est-ce que tu me veux encore ? Nous étions d'accord, tu ne devais utiliser ce numéro qu'en cas d'extrême urgence.

— C'est une extrême urgence, Papa !

— Non, tu ne sembles pas comprendre : il n'y a pas d'extrême urgence. Il n'y a plus d'extrême urgence ! Il n'y a plus que de l'alimentaire, du superflu, du semblant de. On voudrait nous faire croire que nos vies sont sillonnées d'extrêmes urgences pour que les gens se lèvent encore le matin et partent au travail sans réfléchir, mais ce sont des chausse-trappes, des billevesées, des fausses pistes pour prolétaires et petits bourgeois, rien d'autre ! Il n'y a plus d'extrême urgence !

— Papa…

— Même si tu étais en train de mourir, ça ne serait pas une extrême urgence ! Tu comprends ce que je te dis, oui ou bien ?

— … snorg !

— Rhâââ ! Cesse immédiatement ! Qu'est-ce qu'il t'arrive ?

— Il m'a quittée.

— Pffffff !...

— Je suis malheureuse, Papa !

— Non, tu n'es pas malheureuse !

— J'ai besoin de toi...

— Non, tu n'as pas besoin de moi.

— Il faut que je te voie, Papa !

— C'est hors de question.

— Papa !

— N'insiste pas !

— Oh ! Mon Dieu, comment je vais faire ?

— Dieu n'a rien à voir là-dedans. Va voir ton analyste.

1

Je m'appelle Hector Malbarr...

... et je lambine dans le VIP Lounge de la compagnie SAS[1] à l'aéroport de Copenhague. Ça semble simple comme ça, mais ça l'est encore davantage. Je suis jeune, entretenu, et je vais épouser cette corne d'abondance qui me prodigue sans compter depuis trois années ces jours heureux, des jours à bader dans divers endroits à l'architecture intérieure dépouillée, en attendant que les choses se fassent autour de moi. En deux ou trois mots, on dirait de prime abord que je suis un homme heureux à qui rien ne manque, ni personne.

Là, précisément, je suis en train d'observer, avec la délectation non feinte du parvenu, l'onctuosité du sol en bois du carré VIP, lorsqu'elle pénètre dans mon champ de vision. Comme une scie hargneuse, elle fend le vide de cet espace pour élites. Ses escarpins, ses jambes au-dessus qui s'enfuient dans une jupe portefeuille fendue des deux côtés des cuisses, sa taille, la courbure de sa poitrine,

1 SAS : Scandinavian Airlines System.

la longueur mouvante de son cou, la rectitude de ses mâchoires, l'impression vague d'un strabisme divergeant dans son regard, ses cheveux bruns et ondulés rassemblés dans une queue de cheval qui balance en rythme avec ses hanches, tout dans cette machine en marche devrait me mettre en garde. Mais rien ne me pousse à partir en courant.

Cette fille traverse le hall du VIP Lounge de la compagnie SAS à l'aéroport de Copenhague dans MA direction.

C'est vers MOI que vient cette personne du sexe opposé, prodigieusement décolletée, outrageusement culottée, pornographiquement roulée.

Sitôt passée la porte en verre dépoli, elle a planté son regard dans le haut de mon crâne et ne m'a plus lâché. J'ai senti ça alors que je me perdais dans les lattes de ce hêtre mort violemment au fond d'une forêt scandinave et débité en ce plancher magnifique dans la scierie voisine, tentant de mon mieux d'appliquer mes deux pieds sur leur petite surface sans trop dépasser de part et d'autre.

En la voyant maintenant venir sur moi à la vitesse exagérée de cent images par seconde, j'envisage des choses inouïes et tentaculaires. Mon cerveau perçoit et analyse chaque détail qui s'échappe d'elle, en exacerbe même la pertinence : le parfum qui la suit, et pour peu qu'elle coure comme ça depuis plusieurs minutes à ma recherche, l'odeur de transpiration qui oint l'intérieur de ses aisselles – je suis dingue des aisselles de femme active – le frottement sur la partie renforcée de sa petite culotte parfois, sur des fibres de mauvaise qualité, on retrouve des bouloches ; l'impossibilité qu'il y ait un soutien-gorge sous la faible épaisseur de soie de son chemisier – ou alors d'une de ces grandes marques qui fabriquent des choses très fines, maintenant les seins d'une toute petite bretelle ; les idées qui lui trottent dans la tête en filant ainsi vers moi ; les trucs qu'elle a dû faire pour arriver comme ça, déjà prête, l'avant-goût raffiné d'une cueillette hasardeuse, l'imagerie subtile d'un aéroport aux abords du Grand Nord… Mon esprit s'emballe alors que la distance entre nous se réduit considérablement. Et plus mon esprit s'emballe, moins il trouve les mots à sortir une fois que cette bombe thermonucléaire se sera plantée devant moi, prête à tout défragmenter.

Que dire ?

Plus j'y songe, plus les idées qui me viennent repartent aussitôt dans des camions-bennes déjà remplis à ras de médiocres fadaises. Rétrospectivement, je pense que c'est en voyant sa queue de cheval tressauter à sa suite que l'idée la plus abjecte m'est venue.

Elle est sur moi dans le centième de seconde qui suit.

Je ne la quitte pas des yeux – alors que je suis habituellement incapable de soutenir le regard d'une femme – et j'entends quelque part dans le voisinage un plateau repas se fracasser sur le sol. Elle ne se préoccupe pas de cet hommage domestique. Elle me dévore déjà. Moi, je suis protégé du débordement émotif par une imposante paire de lunettes noires qu'avec précaution j'ai choisie et achetée hier après-midi avant de faire nos valises. Je vois dans ses yeux sombres la gueule hérissée de lames d'un requin-tigre qui m'arrive dessus comme une torpille à guidée laser. Même en me sauvant maintenant, je suis foutu.

Pourquoi m'enfuir ?

Je suis passé si près de tellement de filles dans ma vie, et des tellement plus moches que ça, que ce débarquement ressemble à une remise de médaille.

Elle est là.

J'avais pensé à quelque chose comme *White Linen* d'Estée Lauder parce que c'était le parfum que portait une Florence rencontrée et perdue au cours du second trimestre d'une lénifiante année universitaire. C'est beaucoup plus léger que ça. Quelque chose qui ne reste pas en place. Un truc qui vous rentre dans le nez tout doucement, une fois que la situation est installée, que les instants commencent à se poser.

Elle vient de se poser.

Là. Sur le rebord de mon fauteuil individuel.

Le type qui était au téléphone en face de moi manque d'avaler le fil de son kit piéton. J'espère que mes yeux ne sortent pas autant de ma tête que les siens.

Voilà, le parfum arrive.

Elle vient de bouger un bras et le parfum arrive. C'est un truc à la mode, qui perd vite de sa force, qu'on remet en place toutes les quatre-vingt-dix minutes, avec lequel on peut bronzer sans problème. Elle est bronzée. À peine trop. Mais j'ai toujours aimé les filles presque vulgaires. Et puis c'est une brune. Alors…

Je retire mes lunettes. Ça ne sert à rien de faire semblant d'être absent. Les femmes aiment voir l'effet qu'elles produisent sur la bestialité des hommes inexpérimentés. Je replace mes yeux dans leurs orbites et je la regarde.

Oui, je manque défaillir. Et oui, je le montre.

Là, dans le cuir épais du Chesterfield, en voulant me redresser de cinquante centimètres, je me tasse de vingt. Elle me sourit, ce qui achève de diminuer mon état. Elle porte peu de bijoux. Seulement visible, cette minuscule chaînette au poignet qui caresse mon front quand elle me passe une main dans les cheveux en continuant de sourire.

— On embarque dans une demi-heure. Tu veux qu'on mange un truc avant de partir ?

Je me demande ce que doit répondre le garçon qui sent passer dans ses cheveux cette main tiède et brumeuse. Mes propres questions me perturbent déjà bien assez, si en plus il faut que je réponde correctement aux perturbations extérieures, je ne vais pas m'en sortir. J'opte deux fois d'affilée pour un lapidaire :

— Non, ça va, merci.

— Tu vas bien ? Tu as l'air mal à l'aise. J'ai des Donormyl pour le vol, si tu veux.

— Non, ça ira, merci.

Je ne cerne pas bien pourquoi, mais de mon côté, la situation s'est considérablement tendue. Depuis qu'elle a ouvert la bouche pour s'adresser directement à moi, une gouttière a dû se démettre quelque part entre mes omoplates et me détrempe tout le bas du dos. Mes tempes bourdonnent de façon inquiétante et mes oreilles résonnent d'étranges et vertigineux acouphènes. Cette fille m'aurait giflé avec une enclume, je ne me sentirais pas moins bien.

Il faut qu'elle continue à me parler.

Je ne vois que cette solution.

Quand elle parle, je ressens des troubles moindres.

Elle me sourit à nouveau. J'aperçois l'éclat d'un piercing sur sa langue quand elle réhumecte ses lèvres avant de reprendre, visiblement folle de joie, d'amour et de tout un réseau d'histoires dont je me sens absolument exclu :

— Je suis tellement heureuse, Djine !

Ok ! Pause, pause, pause. Qu'est-ce qu'il y a ? Ces choses-là n'arrivent jamais ! Dans la vraie vie ! Mais, c'est quoi, exactement la vraie vie ? Qu'on me définisse la vraie vie. C'est un concept. Jetez un œil à la publicité et vous verrez ce que c'est que la vraie vie : les vraies femmes rondes sont toujours belles, le vrai fromage n'est jamais moisi, la vraie automobile jamais rayée et le vrai banquier ressemble à votre meilleur ami. S'il devait y avoir un lieu où cette vraie vie trouve son biotope idéal, ce serait, précisément, le VIP Lounge d'aéroports internationaux. Là, les compagnies vous encadrent aussi bien qu'une colonie de maïeuticiennes de clinique privée helvèto-saoudienne. Tout le monde sent bon de la bouche, tout le monde sourit, il n'y fait ni trop chaud, ni trop frais, les bulles du champagne remontent toutes en de longues lignes parfaitement parallèles, vous êtes beau comme le matin qui vous a vu naître, même le vendeur d'armes qui passe commande d'un tanker de chars russes juste à côté de vous ressemble à Père Castor, et le Wi-Fi est gratuit. Quant à cette splendide représentante de chez *FHM* qui se penche actuellement sur moi pour me faire partager la perfection de ses soins dentaires, elle existe avec autant de réalité que tous les problèmes qui, à l'extérieur de cette cage de Faraday, continuent de mener le monde à sa perte. Et puis vous savez comme moi qu'en faisant un tout petit effort, on en vient assez facilement à considérer que la réalité n'est qu'affaire de perception. Alors oui, cette femme, qui me souffle dans le creux de l'oreille qu'elle est tellement heureuse, existe, puisque je la vois, que je la sens et que maintenant, si vous permettez…

… Lecture…

… Elle m'embrasse. C'est-à-dire que – comprenons-nous bien, j'ai besoin de tenir un compte précis des événements pour être tout à fait certain de les vivre – cette fille s'approche physiquement de mon visage, puis ses lèvres des miennes, qu'avec sa langue elle pénètre lentement ma cavité buccale et qu'ainsi elle caresse mon appendice de manière rotative alors que nos salives mélangent leurs collections de germes et, une fois l'exercice achevé, qu'elle se retire lentement sans oublier de produire une dernière petite succion convulsive aux effets dévastateurs. Entre nous, un microscopique filet de bave se tend, puis cède.

Je déglutis. Au bord de mes lèvres, ses yeux dans les miens, elle me donne l'emploi du temps des prochaines quarante-huit heures :

— On arrive à Miami demain matin. Si tu veux, on peut aller faire du shopping ou prendre le jet tout de suite. C'est comme tu le sentiras. Papa ne nous attend pas avant la fin de la journée, je l'avais prévenu qu'on irait sans doute se balader. Après, on file sur Lamb Island et on y reste jusqu'au mariage. Sans rien faire. Ah ! Si ! Il faut juste qu'on rencontre le pasteur qui s'occupera de la cérémonie. Je peux y aller toute seule si ça te barbe, mais bon, ce serait mignon que tu sois là. Il vient la semaine prochaine pour nous rencontrer. Il m'a dit que ça prendrait à peine une demi-heure. C'est un vieux kroumir mais il a l'air gentil.

Elle a un accent surprenant pour une brune aux yeux noirs. Je n'arrive pas à en identifier la provenance.

Et elle m'appelle Djine. Mais là n'est pas le problème.

Le vrai problème volette tranquillement dans l'air tiède et brassé du VIP Lounge SAS de l'aéroport de Copenhague et je fais mon possible, en grand procrastinateur, pour ne même pas lui accorder un regard.

Car oui, je m'apprête à quitter le sol danois.

En première classe, par les airs.

Pour aller me marier, comme je l'ai dit.

Épouser une créature dont je partage la vie depuis trois ans.

Oui, je dois, à un moment ou un autre, rencontrer un pasteur qui célébrera la noce afin que nous mettions au point tous les trois le meilleur moyen d'expédier l'affaire sans qu'il soit trop fait allusion aux diverses foutaises listées par le commandement ecclésiastique.

Oui, tout ça.

Mais pas à Miami, pas à Lambaïlande ou je ne sais où, pas en jet privé, pas après un shopping américain et pas, non plus, avec cette splendide jeune femme qui perche actuellement sur le bras de mon fauteuil en faisant suinter la flanelle des hommes d'affaires du voisinage. Et que je ne connais pas.

Ma future épouse s'appelle Glenda. Cette gourde vient à peine de sortir du VIP Lounge pour aller récupérer un bagage à main qu'elle a oublié dans l'avion par lequel nous sommes venus de France. Ces deux femmes ont dû se croiser sur le seuil. Une blonde est sortie, une brune est entrée.

— Tiens, mon chéri, avale ça pour le voyage.

Il est étrange de constater que, malgré mes observations contradictoires, je me saisis tout de même de ce verre d'eau minérale qui m'aide à avaler cette petite pilule bleue que la femme brune vient de me tendre.

Sans doute est-ce dû au fait qu'elle est un million de fois plus désirable que Glenda.

Sans doute parce que, si je ne m'appelle pas Djine, c'est un prénom que j'aurais bien aimé porter à l'école.

Sans doute parce qu'au fond de moi vivote l'âme damnée d'un aventurier du XXIe siècle en mal de décollage.

Sans doute pour pas grand-chose de plus.

Bon sang ! Glenda va me tuer quand elle va savoir ça !

Mon Amour ! Je t'écris enfin aujourd'hui cette lettre. Elle sera longue. Très longue. Pleine de choses dont tu ignorais jusque-là l'existence. Je répugne à faire cela, mais étant donné les récents événements, il est important que tu saches ce qu'il s'est vraiment passé.

Si tout va bien, je te remettrai cette missive lorsque nous nous retrouverons à Copenhague. Mais je suis idiote, je me mélange moi-même dans les temps : si tu lis ces mots, c'est que tu es avec moi et que, malgré ce que tu vas lire et les troubles certains que tout ceci occasionnera, au moins tu es en vie, ici, près de moi.

Pour combien de temps ?

Je l'ignore.

Toi seul le sais.

Peut-on vivre avec quelqu'un comme moi quand on sait tout cela ?

C'est sans doute la question qui m'a le plus hantée durant ces dernières heures sans toi.

Vas-tu pouvoir accepter tout cela ?

Te dire la vérité aujourd'hui est un geste d'amour, tu peux me croire.

Ne me juge pas.

Écoute-moi et décide.

Tout ceci est invraisemblable pour un homme normalement constitué.

Voilà…

2
Pour qui sonne Glenda ?

Avec Glenda, tout était différent.

La façon dont nous nous sommes rencontrés par exemple, la face B de ce coup de foudre entre la brune du VIP Lounge et moi. Une version longue et molle d'une *love story* de boulevard. Ce serait malhonnête de dire que Glenda m'a harponné et remonté jusqu'à son pont principal sur le tek duquel je me suis débattu trois années durant – quoique les choses ressemblent de près ou de loin à cette mauvaise littérature.

D'abord, Glenda est blonde. Je ne voudrais pas donner l'impression de fonctionner par élimination et justifier du même coup ma position actuelle, mais c'est un fait.

Glenda est blonde.

Il fut un temps, je dois le reconnaître, où cette blondeur me plaisait. Sur le papier, toujours facile à envisager, on pense Lana Turner, Kim Novak, Jane Mansfield avec toute sa tête. Froideurs incandescentes sur matelas ardents, éclairés aux flambeaux, l'amour au fond d'un four à pizza, quelque part entre Big Sur et Reykjavík.

Encore de la littérature.

Glenda n'était que glacée, glaciale, glaçante.

Glenda ne m'a qu'en de rares exceptions abandonné la totalité de son corps. Et cette totalité était elle-même si pleine de retenues et de zones interdites qu'en fait je me demande encore parfois si je n'ai jamais rien tripoté d'autre que la bande-annonce de Glenda.

Nous n'eûmes pas, comme les autres couples, de débuts flamboyants.

Je ne pouvais qu'assez peu l'embrasser. Glenda n'apprécie la langue ni dans l'oreille, ni dans la bouche. Par conséquent, ailleurs je ne saurais dire.

Je ne pouvais que fantasmer sur nos ébats : Glenda semble avoir un problème avec la pénétration d'objets étrangers dans ses orifices en milieu éclairé.

Je ne pouvais que rarement laisser libre cours à la poésie qui d'ordinaire distingue mon verbe : Glenda ne croit pas aux boniments, soupçonnant sans doute que toute cette prosodie n'est que basse flatterie.

Mais sous ses dehors frigorifiques, Glenda était une vraie petite femme d'intérieur, pleine de ressources étonnantes et toujours à vouloir faire plaisir. Elle cuisinait magnifiquement bien les abats de volailles, connaissait pas mal de trucs en vins, aimait à vous faire partager sa passion du Monopoly, développait une patience angélique pour tout ce qui concernait les problèmes amoureux de ses amies, et restait d'une grande stabilité devant un certain nombre d'évènements qui auraient fait déjanter la plupart de ses condisciples. Comme certaines d'entre elles, Glenda trouvait souvent la réponse à ses questions quintessentielles dans une revue de presse quotidienne des magazines féminins.

Subséquemment, Glenda nettoyait elle-même la maison.

Ceci aurait pu être en soi une qualité, mais elle m'a causé une telle armée de soucis que je ne sais trop dans quelle catégorie la classer. Le monde microbien rendait Glenda très nerveuse. Je n'ai jamais bien compris pourquoi. J'essayais de lui faire entendre raison, prenant souvent pour exemple le lot d'une bonne partie de l'humanité qui ne sait même pas ce qu'est une bonne hygiène de peau, un acarien ou une bactérie squameuse. Mais rien n'y faisait. Chez nous, les murs, les plinthes, les tables, les vitres, la moquette, la vaisselle, les étagères, tout ce qui pouvait servir de réceptacle à la vie fascinante des particules s'astiquait à l'alcool. Glenda vidait en moyenne une bouteille de Glassex par demi-heure de ménage, à raison de trois ménages par semaine, soit vingt-quatre litres par mois. Un budget qui, à lui seul, nous aurait permis, avec un peu de perspicacité et un bon conseiller financier, d'acquérir un fonds d'actions plutôt rémunérateur chez les fabricants de détergents ménagers. Plus notre maison sentait le lave-vitre de bagnole plus Glenda était heureuse. Huit femmes de ménage sont passées dans notre vie commune avant que je ne comprenne que même une médaillée du travail ne ferait jamais l'affaire.

Glenda est écossaise par son père et suédoise par sa mère. Je n'ai jamais rencontré ni l'un ni l'autre. Glenda ne me parlait que très peu des deux. Elle, Russe expatriée durant la guerre froide. Lui, expert en héraldique. Là-dessus, une histoire d'amour mélodramatique comme une grasse guimauve rosâtre collant aux doigts, parfumée au sent-bon et cousue de fils de soie dorés. La générosité bancaire paternelle permit toute sa vie à Glenda de choisir entre laver elle-même sa maison ou engager une multinationale d'aide à domicile. C'est dire si notre union était, du côté de ma famille, très attendue. Si Glenda y voyait une suite imperturbable du mythe parental, chez les miens, certains travaux d'aménagement et/ou de restauration étaient déjà en cours dans la résidence familiale.

Nous avions quitté notre maison de Paris, ce matin-là, par un vol SAS à destination de Stockholm via Copenhague. À Copenhague, nous avions une heure d'attente avant de repartir pour la Suède. Nous nous étions donc installés, comme nos billets l'autorisaient, au VIP Lounge de la compagnie SAS. Nous prenons toujours des *first* parce que j'ai pris goût aux VIP Lounge. J'aime beaucoup celui d'Orly par exemple. Alors que celui de Barcelone pour Iberia est un peu confiné malgré l'immense baie vitrée donnant sur le hall C qui est assez grandiose. Comme quoi, on peut vite adhérer à un monde dont on n'est pas issu – j'entends dans le sens unique de l'ascenseur social allant du rez-de-chaussée vers les étages, évidemment.

Glenda s'était alors rendue compte qu'elle avait oublié son bagage à main. Elle était aussitôt devenue toute rouge. Glenda déteste commettre des bévues. Moi qui aime à me définir comme un chic type, j'avais eu le réflexe plutôt serviable :

— Tu veux que j'y aille ?

— C'est bon. Je me débrouille. Quelle gourde je fais ! Rhâââ ! Je déteste ça. Je reviens.

Elle s'est levée et elle est partie.

Je l'ai regardée s'éloigner en me demandant s'il elle n'avait pas pris quelques kilos ces derniers mois. Je me suis alors fait la réflexion que je la perdais sans doute un peu de vue ces derniers temps. Trois ans, ça peut être long pour n'importe quel couple. Les habitudes, le quotidien dévoreur de passion, le Glassex, tout ça. Si on laisse faire, tout ce qu'on a construit s'effiloche et on se retrouve à la veille du mariage avec une femme qui a décompensé dans les sucreries et qui se trimbale une ceinture fessière dont trois ans plus tôt, dans la passion des premiers instants, on avait omis d'apercevoir les prémices. C'est vrai que je ne regarde plus trop Glenda. D'ailleurs, la vision de son cul qui s'éloigne me fait aussitôt baisser les yeux.

J'ai un peu tendance à me laisser aller dans ce domaine.

C'est ce que je marmonnais en observant avec une délectation non feinte l'onctuosité du sol en bois de hêtre mort, lorsqu'elle a pénétré dans mon champ de vision.

La brune, pas la blonde.

— Allô ?

— Papa ?

— Non, écoute, ça suffit maintenant ! Je t'ai dit que je n'avais pas le temps aujourd'hui !

— Tu sais, je crois que cette fois j'étais vraiment amoureuse.

— Et alors ? C'est la moindre des choses : vous deviez vous marier, non ?

— Dans une semaine.

— Tu as appelé Leiter ?

— Non.

— Qu'est-ce que tu attends ? Je ne peux pas t'aider, tu le sais mieux que personne. Appelle Leiter.

— Je vais le faire.

— Fais-le maintenant.

— Tu t'en fous, hein ?

— Si ça t'arrange, vois ça comme ça.

— Ouais, tu t'en fous. Tu t'en fous et tu ne veux même pas assumer.

— De quoi est-ce que tu parles ? Je ne comprends rien à ce charabia !

— De t'en foutre. Tu n'es même pas capable d'assumer le fait que tu t'en fous.

— Qu'est-ce que tu veux que je te dise ? Que je m'en fous ? Et bien je te le dis, voilà ! Ton père se fout que ton futur mari vienne de te quitter. C'est clair ?

— Merci.

— Je t'en prie. Et appelle Leiter.

— D'accord.

— Allez, au revoir.

— Au revoir, Papa.

— Et ne rappelle pas.

— D'accord.

— Promis ?

— …

— Promis ?

— Oui, ça va, promis.

3
La brune s'appelle Angie

Je ne suis pas quelqu'un de particulièrement rusé. Je n'ai qu'en de rares occasions été capable de manipuler une situation pour la tourner à mon avantage. C'est même fréquemment moi qui suis le dindon de la farce – quelqu'un pourrait-il un jour m'expliquer la signification non zoologique de cette expression ? Ainsi, lorsqu'il s'agit de faire quelque chose en douce, les talents que je développe sont-ils très limités. Quoique parfois, cela suffise.

Comment peut bien s'appeler ma nouvelle femme ?

J'ai l'air ridicule en me posant cette question, mais c'est le seul moyen pour moi de me sortir de cette seconde nasse : car admettons que cette splendide créature qui vient de me tomber dessus soit victime de brusques épisodes amnésiques, mais que néanmoins, par souci de ne pas paraître idiote, elle pare aux crises en s'inventant aussi subitement une histoire. Que se passera-t-il lorsqu'elle retrouvera la mémoire ? Elle me regardera en se demandant ce qu'elle fout là, en compagnie d'un type aussi minable que moi. Donc, quitte à lâcher Glenda pour une demie cintrée périodique, autant que ça dure le plus longtemps et que j'en profite le plus possible. Si je connais son patronyme, sa date de naissance, le second prénom que son père lui a donné et son pays d'origine, je serais alors imbattable. Quand elle sortira de sa phase amnésique et qu'elle se retrouvera dans la cabine d'un avion pour une destination inconnue, avec un mec qu'elle ne connaît pas les mains plongées dans son chemisier, alors il sera temps pour moi d'endosser ma cape et mon costume. Comment ça, elle ne sait pas qui je suis ? Enfin, ma chérie, qu'est-ce qu'il t'arrive ? Encore une de ces pertes de mémoire qui te troublent depuis l'accident où nous avons perdu le fruit de notre amour, François, rappelle-toi, ton portrait craché, à peine deux ans. Oh ! Mon pauvre amour, pose ta tête et rendors-toi, je suis là, ne t'inquiète pas.

Au moment de l'embarquement, je sors mon passeport et lui prends le sien des mains.

— Je m'occupe de ça, laisse.

Pour masquer la sournoise manœuvre, je souris comme un benêt. Elle aussi, mais je sais que je suis démasqué. Sur la photo, elle a à peine six mois de moins que maintenant – je déduis six mois parce qu'elle est moins bronzée qu'aujourd'hui et que ses cheveux ne touchent pas encore ses épaules mais presque. Elle est citoyenne américaine et s'appelle Angie Taburiax. Je suis d'accord, ça ressemble un peu à un nom de médicament, mais bon au moins, ça fait toujours une question conne de moins à poser quand nous nous retrouverons en tête-à-tête derrière un homard flambé et qu'elle sera toujours amnésique.

Lorsque nous sommes assis dans l'avion, elle pose sa grande main sur mon bras et, d'une voix apaisante, elle murmure :

— Je sais que c'est dur pour toi, Djine, mais aie confiance en moi et tu verras, tout ira bien.

Enfin pourquoi cette fille sourit-elle tout le temps ? ! C'est une option montée en série ou bien ? Et puis c'est quoi cette histoire ? Qu'est-ce qui est censé être dur pour moi ? Angie s'aperçoit que je nage, alors elle grimace et me prend dans ses bras :

— Oh ! Pardon mon amour. Excuse-moi. J'oublie toujours qu'il faut tout reprendre à zéro. Djine... je suis désolée de te le dire comme ça mais... Voilà tu es amnésique. On t'a retrouvé sur le bord d'une route, dans le Gers, tu semblais avoir marché des kilomètres, des heures, peut-être même des jours, et tu ne savais plus ni qui tu étais, ni d'où tu venais. Tu souffres d'une amnésie sélective provisoire. Ça veut dire qu'il faut toujours quelqu'un à côté de toi qui te rappelle ce que tu as fait un quart d'heure plus tôt, tu comprends ? Mais je suis là maintenant. Et il faut que tu me fasses confiance, que tu n'aies pas peur de me demander quand tu as oublié quelque chose... comme mon prénom. Tu sais, je t'aime, je vais devenir ta femme maintenant, et rien de tout cela ne me blesse le moins du monde. D'accord ?

— D'accord, Angie.

— Oh ! Mon amour, mon amour, mon amour...

Bon, mon plan A est un peu mort, je dois le reconnaître. Nous venons de décoller. En me prenant dans ses bras, Angie vient de me plonger le nez entre ses deux seins. Mon sexe s'entrave un peu dans ma pilosité en montant vers la stratosphère de ma braguette. Et moins je comprends ce qu'elle me dit, plus je suis d'accord avec elle. Je crois même que je vais être très longtemps d'accord avec elle, quelle que soit l'étendue de ses besoins, désirs, soupirs, nécessités, errements, que sais-je d'autre.

— Angie ?

— Oui, Djine ?

— Tu n'étais pas blonde à une époque ?

— Non, Djine.

Donc, je m'endors en oubliant la femme que j'aimais bien là-bas, sur terre, de l'autre côté de l'océan alors que déjà je change de monde comme le bernard-l'hermite de base.

Taburiax.

En voilà un chouette de nom, n'est-ce pas ?

Je vais garder le sien quand on sera marié. C'est mieux que Malbarr quand même. Non ? Djine Taburiax. Ça vous pose un homme. En tout cas ça me fait du bien à l'ego, ça m'indiscipline un peu l'imagination et puis question testostérone, c'est à effet immédiat. Je m'endors, c'est un fait.

Mais quels songes salaces !

— Allô ?

— Leiter ne répond pas.

— Ça suffit maintenant ! Tu raccroches ce téléphone et je ne veux plus t'entendre pendant au moins un mois !

— Raccroche, toi.

— À quoi tu joues ?

— Je ne joue pas, Papa. J'ai besoin de parler à quelqu'un qui soit mon père. Je n'ai trouvé que toi.

— Appelle ta mère.

— C'est trop facile. C'est toujours elle qui se charge de mes problèmes.

— Elle a voulu te garder.

— Et toi ?

— Ta mère s'est agrippée, c'était son choix, je le lui ai laissé. Alors ne venez pas m'emmerder toutes les deux, trente ans après, avec vos jérémiades !

— Je ne peux même pas t'appeler au secours ?

— Jamais !

— Pourquoi ?

— Tu m'as trompé ! Tu as trompé tout le monde ! Tu as fait le mauvais choix, voilà.

— Qu'est-ce que ça aurait changé ?

— Qu'est-ce qui aurait changé quoi ?

— Si je n'avais pas fait ça ? Est-ce que j'aurais le droit aujourd'hui de te demander de l'aide ?

— Qu'est-ce que tu veux au juste ? Si c'est du fric, je te fais un virement immédiatement, ça ne me pose aucun problème.

— …

— Allô ?

— …

— Allô ?

— …

— Tu es là ?

— …

— Et merde !

4
À l'escale de Miami, je vomis !

J'ai, en haut de ma rue, un homme qui tient un commerce de coiffure. Je suis dans ce quartier depuis presque trois ans et voilà trois ans que ce type me salue quotidiennement et me félicite. Me félicite de quoi, je n'en sais rien, mais il est vraisemblable que cet individu me prend pour quelqu'un d'autre.

— Djine ! On va bientôt arriver. Et on va prendre un autre avion. Il faut que tu prennes une autre pilule.

Je m'éveille quand on me le dit. Le temps de me désensuquer, je me demande encore qui est la fille penchée sur moi qui me parle si doucement, avec son accent impossible et un sein qui sort à moitié de son corsage froissé… Angie, bon sang, c'est quand même pas compliqué ! Ah ! Merde, c'est vrai que je suis amnésique ! Il faut absolument que je me souvienne de ça, au moins. Si ça doit me servir, autant que j'y fasse attention comme à un beau marteau qu'on empêcherait de rouiller en le mettant toujours au tableau après usage.

— C'est quoi ces pilules ? C'est nouveau ?

— Non, Djine. C'est pour te soigner.

— Pour me soigner de quoi ?

— Oh ! Mon amour, comme je t'aime. Tu vas guérir. Je te promets que tu vas guérir, bientôt.

Je souris, avale la pilule en m'étouffant avec la première gorgée de Badoit, nous atterrissons, sortons de l'avion, respirons l'air lourd de Miami, sommes accueillis, après l'Immigration, par un grand Hawaïen qui parle américain comme on mange avec les doigts, le suivons dans un dédale de couloirs translucides et descendons dans un tout petit terminal au centre duquel nous patientons de longues minutes.

Angie et moi nous caressons les bouts de doigts, de temps à autre j'effleure une fesse pour savoir si, d'aventure, le terrain m'est autorisé – après tout, je ne connais nullement le passé de celui que je suis censé être – et, recevant des réponses quasi positives, je me formule de nouvelles interrogations.

Si j'en crois un précédent cas – un boulanger de l'autre côté de l'arrondissement, localisation de mon ancienne adresse, qui lui aussi me tenait la jambe à chaque occasion, me congratulant pour mes prestations – je dois ressembler à un quelconque présentateur de télévision à moins que ma forme physique, mon port, ma prestance, la façon dont je prends soin de mon apparence, donnent à penser qu'ainsi accoutré je ne peux être qu'une célébrité.

Peut-être ma délicieuse Angie m'a-t-elle pris pour ce personnage.

D'un autre côté, j'ai beau me creuser le citron à la recherche d'un Djine suffisamment connu pour intéresser un coiffeur et un boulanger, je ne vois pas.

— Bonjour, M. Bond. Bienvenu à Miami. J'espère que vous avez fait bon voyage. Désirez-vous quelque chose à manger ?

Elle me parle. En français. C'est une hôtesse d'accueil, rousse, elle me tend mon passeport, je le récupère, l'empoche et sens ma tête cogner, ma vision périphérique s'affaiblir, et des picotements dans le fond des joues.

— Djine ? Quelque chose ne va pas, mon amour ?

Je détournerais bien l'attention en posant encore une question qui prouverait ô combien amnésique je suis, mais le cœur n'y est pas. Il est actuellement dans ma gorge et j'ai beau serrer les dents, il faut que ça sorte. Je cherche des yeux la porte d'un WC mais j'ai juste le temps d'aller me mettre derrière une machine à café et d'ouvrir la bouche. Paquets sur paquets, je me vide tout à fait jusqu'à réaffûter mon appétit. Je ressors de là des larmes plein les yeux, les tempes qui me lancent, mais avec le sourire. Je me sens mieux. Sincèrement. D'ailleurs je lève une main pour signaler que tout va bien. J'ai récupéré, ce qui ne semble pas forcément plaire à la gentille hôtesse qui porte une main à sa poitrine, l'autre à sa bouche, étouffant sans doute un haut-le-cœur avant qu'il n'aille plus loin. À ses côtés, Angie me considère avec une curiosité certaine. Le colosse hawaïen aussi, avant qu'une subite responsabilité ne le conduise à l'autre bout de la pièce.

— Je suis désolé. Je crois que ça ne m'était jamais arrivé avant.

— C'est le décalage horaire, mon amour. L'hôtesse va te conduire jusqu'à l'avion. Je règle quelques détails et on s'en va.

Angie, tout en me jetant un regard où ne surnage plus qu'une profonde méfiance, donne un ordre bref et américain à la fille qui verdissait sur la dalle fraîche de l'endroit, afin que celle-ci se remette en mouvement. L'hôtesse me fait alors signe de la suivre. Les portes du petit terminal s'ouvrent, nous propulsant soudain dans un air nettement plus moite. Devant nous se tient au repos un magnifique avion miniature, tout en chromes et peinture beige. Arrivés à la passerelle, l'hôtesse m'abandonne entre les mains d'une collègue qui faisait là le pied de grue en souriant à notre approche. Comment font ces gens pour ne pas dégouliner sous leurs uniformes ? Leur a-t-on retiré les glandes sudoripares eccrines ?

Je ne suis jamais monté dans un jet.

L'intérieur ressemble au showroom d'un magasin branché du 1er arrondissement. Blanc crème et vide, à l'exception de quelques rares objets à regarder avec les mains. Je songe même, pendant quelques secondes, qu'on s'est trompé d'appareil et qu'on m'a guidé vers un engin en réparation, c'est impossible autrement : il n'y a là que deux fauteuils. Mais ma nouvelle hôtesse désamorce mon inquiétude. Elle aussi parle un irréprochable français – ces gens savent-ils vraiment que je n'entends pas le moindre mot d'anglais ?

— Bienvenu à bord, M. Bond. Nous décollerons dans quelques minutes. D'ici-là, si vous le désirez, vous pouvez utiliser la salle de bain pour vous rafraîchir.

La salle de bain du jet est au moins aussi vaste qu'une chambre de bonne. Une douche, un lavabo en forme de coquillage, de la robinetterie en aluminium brossé, un petit rideau d'organdi devant le hublot, que je tire pour observer le paysage pendant que je brosse mes dents collantes. Derrière la baie vitrée du terminal, j'aperçois mon Angie en train de parler avec l'Hawaïen, qui a passé des gants de ménage et, accroupi à côté de la machine à café, à l'aide d'une éponge, ramasse mon vomi.

Angie semble agacée. L'Hawaïen, embarrassé. Ce que je peux comprendre. Cet homme, magnifique dans son costume taillé sur mesure, doit se sentir déconsidéré, c'est évident. Sans doute même la tâche que l'on exige de lui en cet instant le renvoie-t-elle à l'exclusion du rêve américain dont ses congénères font quotidiennement les frais. Lui qui pensait s'en être bien tiré jusqu'ici, lui qui avait investi chez un tailleur afin que l'on cesse de le prendre pour un larbin, lui qui, grâce à cet investissement, pensait s'être mis à l'abri et qui avait acquis une telle prestance qu'on l'acceptait maintenant dans un aéroport avec autre chose comme accessoire qu'un seau et un balai espagnol, le voilà qui éponge du vomi français sous la féroce surveillance d'une brune manifestement riche.

Ça n'est quand même pas très sympa de l'engueuler pour le vomi d'un autre.

Je rejoins le salon du jet et prends place dans l'un des deux fauteuils, quand un récent souvenir me revient, preuve irréfutable apportée par mon ancienne personnalité que je ne suis pas amnésique.

Je sors mon passeport. C'est étrange, il ressemble en tout point au mien. Rouge bordeaux, lettres or. Communauté européenne. République Française. L'estampille à la Francisque. Passeport. À l'intérieur en revanche, ça devient coton. J'ai la même tête. C'est une photo que j'aime bien. Je l'ai faite dans un photomaton de la station de métro Jules Joffrin. J'ai une bonne tête de jeune garçon brave et Glenda la trouvait nulle. Je suis né le même jour que moi, quoiqu'en un lieu différent, je mesure effectivement 1,81 m. et j'ai bien les yeux bleus.

Par contre – et c'est relativement incommode – je m'appelle Jean Bond !

☎

— Allô ?

— …

— Pourquoi tu m'as raccroché au nez ?

— Pour que tu me rappelles et tu l'as fait, c'est très bien.

— Tu me manipules.

— Pas plus que toi ?

— Tu as bu ?

— Pourquoi ?

— Tu es bien trop calme pour ne pas avoir bu.

— Je suis en train de boire. Je suis malheureuse, tu te souviens de ça ?

— Où es-tu ?

— Qu'est-ce que ça peut bien te faire ?

— À Londres ?

— Peut-être.

— Écoute. Je vais appeler ta mère pour qu'elle vienne te voir mais j'ai besoin de savoir où tu te trouves.

— Papa, je n'ai pas envie de voir ma mère dans un tel moment de délabrement psychique. J'ai besoin de voir mon père.

— Pourquoi ?

— Parce que c'est une affaire d'hommes.

— Bon sang, non ! Je ne vais pas supporter ça plus longtemps. Excuse-moi de t'avoir rappelée. Au revoir.

— C'est ça, espèce de connard. Fais comme d'habitude : casse-toi quand ça sent le chaud !

5
Deuxième service

C'est nul, Jean Bond ! J'imagine si j'avais vraiment porté ce nom là, à l'école, les copains m'auraient appelé Jambon, on m'aurait jeté des pierres et les filles m'auraient craché dessus. Déjà que ça n'a pas été brillant avec un patronyme normal.

Et puis, je ne comprends rien.

Pourquoi Angie m'appelle Djine, si mon nom c'est Jean ? C'est parce qu'on est aux États-Unis ? Ils sont bizarres avec les diminutifs ici : si tu t'appelles James, on dit Jimmy, ce qui fait une syllabe supplémentaire ; pour William, on dit Bill, faudra qu'on m'explique pourquoi ; Bob pour Robert, ça encore, je peux comprendre. Mais Djine pour Jean, franchement !

— Djine, mon amour, je suis désolée, il va falloir que tu redescendes, ils ont des petits problèmes techniques sur l'avion. Ils doivent vérifier. Tu viens ?

Angie a l'air franchement nerveux.

L'hôtesse se fait tancer au passage pour avoir eu l'outrecuidance de s'étonner de l'avarie. On descend de l'avion dare-dare. Je me demande si je dois parler de l'histoire du passeport. C'est vrai, je ne voudrais ennuyer personne, mais c'est juste que Jean Bond je trouve ça moyen. Si on doit faire un truc ensemble, et si tout le monde part sur la base que cette histoire est complètement pipeau, alors j'aimerais bien être sur le même pied que tout le monde. Elle, par exemple, elle s'est servie : Angie Taburiax, bon sang !

En même temps, si je gaffe, si on s'est juste trompé sur la marchandise, dire un truc peut faire rater l'affaire…

Enfin bon, Jean Bond, je suis désolé, mais ça coince.

— Angie ?

— Quoi ?

— T'es sûre que je m'appelle Jean ?

— Tiens, avale ça.

Nous revoici dans l'air frais du petit terminal. Les yeux d'Angie ressemblent soudain à ceux du docteur Banner quand il ne sait plus où il a mis ses clés. Je pense que nos sept heures d'avion et mon litre et demi de gerbe y sont pour beaucoup. Je regarde la petite pilule bleue qu'elle me tend en me disant qu'elle a sans doute oublié qu'à l'atterrissage, tout à l'heure…

— Écoute Djine, tu viens de la vomir avant qu'elle ait fait effet ! Alors si tu ne veux pas te soigner, c'est ton problème. Tu resteras amnésique toute ta vie. Mais ne comptes pas sur moi pour supporter ça très longtemps.

La pilule est aussitôt avalée et on attend, sans plus rien dire.

Je voudrais bien embrasser Angie, mais je n'ose pas prendre l'initiative. C'est qu'elle a quand même l'air vachement fâché.

Et puis il y a cette hôtesse qui n'arrête pas de nous observer à la dérobée. Plus l'Hawaïen qui fait les cent pas derrière nous, entre la machine à café et une borne incendie.

Pour me distraire, je remarque qu'aucun personnel technique ne tripote sous les jupes de notre jet, mais pour ce que j'y connais, peut-être sont-ils déjà à l'intérieur, sous le capot, en train de farfouiller dans le cambouis.

De toute façon, j'ai de nouveau mal au crâne et lutter contre la nausée occupe les cinq minutes suivantes. En me levant brusquement, j'ai dans l'idée de demander cette fois la direction des toilettes. Mais c'est trop tard, un coin un peu isolé fera aussi bien l'affaire pourvu qu'il soit proche.

La machine à café ressemble à nouveau à cet endroit. Deux pas, je suis dans la place, j'ai évité le regard mauvais mais résigné de l'Hawaïen et j'ouvre la bouche pour laisser tomber ce qui passe par là. Bon, ça n'est pas très glorieux en deuxième service. J'ai quand même liquidé tout ce que je possédais tout à l'heure, ne reste que la bile, quelques glaires et je me tords comme un ver coupé pour libérer tout ça, ce qui fait très mal, surtout quand on possède une ceinture abdominale aussi maigre que la mienne. Si ça se prolonge, c'est mon colon qui va tomber au coin de la machine à café. Une dernière secousse m'anime tout de même et je lâche un maigre filet de bave bizarrement bleutée.

Reprendre mon souffle.

Je me penche en avant pour comprendre comment j'ai fait pour dégueuler en bleu, mais on me saisit par les épaules, on me redresse et on me ramène à Angie, toute préoccupée de mon état. L'Hawaïen me lâche et repart au nettoyage. Angie me pouponne, passe une lingette qui sent son parfum sur mon visage. Ça me fait du bien, j'ai envie de dormir entre ses seins.

— Non, Djine, tu vas me tâcher ! Redresse-toi, s'il te plaît. On va y aller.

— J'ai vomi du bleu, c'est bizarre.

— Ça devait être une des pilules, mon amour.

— N'empêche, c'est bizarre. J'espère que je me suis pas démis un organe.

— Tu te sens mieux ?

— Oui.

— Alors c'est sûrement ce qui t'as rendu malade. Un truc bleu qui traînait dans ton estomac et qui en a été expulsé.

L'Hawaïen revient avec son éponge et ses gants de caoutchouc. Lui et Angie baragouinent quelques secondes, ce qui semble les soulager un peu tous les deux. Puis, l'Hawaïen se retire et disparaît derrière une petite porte sur laquelle est fiché un pictogramme masculin. Pourquoi personne ne m'a dit que les toilettes étaient juste là ?

— Djine, mon amour, il faut que tu ailles rejoindre ce monsieur. Il est docteur et il vient de me dire qu'il fallait qu'il t'ausculte avant le décollage.

— Ah bon ? C'est parce que j'ai vomi, c'est ça ?

— Oui, c'est ça.

C'est fou comme j'ai soudainement l'impression qu'Angie et moi on se connaît depuis au moins trois ans. Je lis dans ses yeux les mêmes traces d'ennui que parfois je voyais dans ceux de Glenda. Incroyable comme de franchir un simple océan peut accélérer la détérioration d'un couple. Ça m'attriste tellement, qu'en me dirigeant vers les toilettes, il ne me vient même pas à l'idée que des pissotières ne sont pas vraiment l'endroit idéal pour une consultation médicale. Lorsque je pousse la porte, l'Hawaïen m'accueille avec un sourire qui se veut rassurant. Sans doute pour masquer la présence dans sa main d'une espèce d'appareil électronique rehaussé d'un écran digital, un truc gros comme un téléphone satellite.

— *Take your shirt off.*

Je le regarde comme une endive regarde une binette. Enfin, c'est l'image qui me vient à l'esprit quand je vois passer une ombre dans ses yeux. Il prend une inspiration et répète ce qu'il vient de dire. Ce à quoi je réponds par le même silence végétal. Alors, l'Hawaïen soupire longuement et, de sa main libre, il tire sur le pan de ma chemise en disant, très lentement :

— *Your shirt ! Take it off ! Please !*

— Ah ! Ma chemise ! D'accord. Je l'ai achetée à Paris, chez Kenzo. C'est du coton, vous savez, rien de très compliqué. Mais je vous avertis, ça coute un bras…

L'Hawaïen plisse les yeux, me contourne, ouvre la porte des toilettes et interpelle quelqu'un dans la salle d'embarquement :

— *Hey ! Lady ! How do you say « Take your shirt off » in french ?*

Alors que je suis encore en train de me demander pourquoi ce toubib, ramasseur de dégueuli à ses heures perdues, s'intéresse autant à ma chemise, j'entends la voix de l'hôtesse rousse :

— « Enlevez votre chemise. »

L'Hawaïen referme la porte et se plante à nouveau devant moi avec son bazar au bout du bras. Avec un accent impossible, il me jette :

— Enlevaye votweu chemize !

— Pour quoi faire ?

Je ne peux pas lire l'agacement dans son regard, il vient de fermer les yeux. Puis, il les rouvre. J'enlève ma chemise parce que je n'ai aucunement envie de subir les menaces que je lis dans ces pupilles soudain très profondes. Je me retrouve donc torse nu, dans des toilettes à l'autre bout du monde, avec un Hawaïen dont je doute de plus en plus des diplômes universitaires, en train de me parcourir le buste avec son espèce de téléphone satellite. Par moment, celui-ci émet des bip. Par moment des bop. Le molosse me pose une main sur l'épaule et y imprime une torsion suffisante pour que je me tourne sans trop d'effort. Bip… bop… Bip… bop… bip-bop, bipbop, biiiibooooop !

— *Ok ! I found it, mutafaka ! Careful, it's gonna burn !*

— Hein ? Aïeu ! Putain, qu'est-ce t'as foutu, connard ? Ça fait mal !

— *Shut up ! White meatball !*

L'avion décolle seulement cinq minutes après ces débordements.

J'ai un point un peu brûlant qui me lance dans le bas du dos, pile à l'endroit où Glenda m'a fait retirer un grain de beauté qu'elle trouvait soi-disant vilain. L'année dernière. Mais dans l'ensemble, je me sens très bien et je n'ai plus du tout envie de vomir. L'hôtesse a rejoint sa niche. Je pelote un peu Angie qui se laisse faire. J'ai complètement oublié de me demander si c'était normal que ma rémission coïncide avec la fin de l'avarie de l'avion.

— *Allô ?*

— *Papa, on l'a enlevé !*

— *Bon, écoute ma petite chérie, tu me fatigues maintenant. Tu poses ce téléphone et pour vingt-quatre heures au moins tu oublies mon existence !*

— *Ils ont enlevé mon homme.*

— *De quoi est-ce que tu parles, bon sang ? Tu m'as dit qu'il t'avait quittée. Il t'a quittée oui ou non ?*

— *Ils l'ont enlevé ! Je suis certaine qu'ils l'ont enlevé !*

— *Calme-toi ! Qui peut bien enlever ton petit ami ?*

— *Ce n'est pas mon petit ami ! C'est mon mari !*

— *Il t'a quitté !*

— *J'ai perdu sa trace.*

— *Oui, il t'a quitté. C'est normal.*

— *Non. Je l'ai tracé, Papa.*

— …

— *Et le* tracer *a arrêté d'émettre il y a précisément trois minutes quatre secondes.*

— *Comment tu as fait ?*

— *J'ai des relations.*

— Comment… Tu as fait placer une puce RFID sur ce type ? Mais enfin, bordel de merde, qui es-tu donc pour faire ce genre de trucs ?

— Je suis ta fille !

— Non ! Et quand bien même, ça ne suffit pas ! Pour qui tu te prends espèce de dégénérée ? Tu n'as aucun droit de te comporter de manière aussi…

— Paranoïaque ?

— Tout à fait !

— Je tiens de toi. Et j'ai au moins la preuve que mon homme ne m'a pas quittée mais qu'il a bel et bien été enlevé.

— C'est n'importe quoi. Tu es complètement folle.

— 25° nord par 80° ouest !

— Miami. Et alors ?

— C'est là-bas que j'ai perdu le tracer.

— Pauvre pomme ! Ce type s'est barré au soleil se taper de la Cubaine en branche parce qu'il en avait assez de ton gros cul. Va chez le docteur, Glenda, tu fatigues tout le monde !

6
Comme Sam Neil dans *Jurassic Park*

J'ai l'air chiant comme ça à passer mon temps à comparer le sel et le poivre, mais c'est vrai que Glenda aurait été une épouse fatigante. Je ne sais pas, en même temps, la situation étant sans précédent – changer de femme accidentellement entre deux avions – peut-être me laissé-je aller à la vacuité.

Peut-être.

Ces considérations m'épuisent. Alors que je pourrais profiter du paysage que nous survolons, de l'escadrille de pélicans que nous dépassons, des îles en dessous qui défilent, blanc sur turquoise, à peine secouées par de rares alizés beaucoup trop fainéants.

Mais non.

Après m'avoir haché le nerf pelvien pendant trois ans, il faut encore que Glenda vienne hanter mes meilleurs moments.

Paisible, mais préoccupée – sans doute ne supporte-t-elle pas le vol à basse altitude – Angie, les yeux plongés dans son hublot, doit songer à la monumentalité des fosses sous-marines qu'elle surplombe. C'est une chose que je suppute en partant du principe basique que lorsqu'on est belle, riche et bien portante, c'est bien là un des rares sujets qui puisse nous soucier. Là encore : vacuité.

Nous atterrissons sur un minuscule îlet autour duquel nous avons tourné quatre fois avant de trouver le bon vent. La piste doit équivaloir approximativement à la surface de trois biscottes serrées l'une contre l'autre et je suis content d'avoir précédemment régurgité. Quand la porte s'ouvre et que nous sommes toujours en vie, au lieu de se tourner vers moi et de me sourire parce qu'elle va devenir ma femme, Angie se lève et sort la première, n'offrant à mon regard que son derrière, ce qui, tout vexant que ça puisse paraître, n'est pas vraiment une punition.

Dehors, l'atmosphère est huit fois plus épaisse qu'en Floride, les palmiers suent et le tarmac ressemble à une piscine de pétrole sur laquelle surfent de façon très professionnelle les plaques blanches du marquage au sol.

Nous passons une douane qui tient davantage de la cabane à frites que du poste de commandement. J'ai un peu honte de présenter mon passeport Jean Bond, j'ai peur que le douanier me fasse une blague. Il me demande un truc en anglais, donc je souris et laisse Angie répondre à ma place.

Plus tard, nous sommes à bord d'un puissant bateau soulevé des flots par trois puissants moteurs de vingt-trois mille puissants chevaux chacun. Propulsés de l'îlet, nous nous rapprochons à très grande vitesse d'une nouvelle côte blanche hérissée d'arbres hirsutes et Angie regarde cet horizon sans plus me voir, ce qui est en partie logique puisque je suis dans son dos, mais tout de même déconcertant pour une promise qui s'offrait sans limite il y a seulement quelques heures. On pouvait reprocher ce qu'on voulait à Glenda, mais au moins était-elle régulière : elle était chiante soit, mais avec constance. S'il s'avère que notre Angie est cyclothymique, il se peut que je m'adresse au service après vente.

Pour ne pas sombrer dans cette déconfiture je me fredonne un vieux morceau de Chaka Khan, ce qui sied parfaitement au décor tropical : on dirait le bout d'un clip des années quatre-vingt, assis sur la planche arrière d'une fusée nautique, dans le dos d'une brune atomique, les carreaux noirs de mes RayBan embués d'embruns, je me laisse porter vers une destination inconnue où ne m'attendent que plaisir et félicité. J'en suis là de mes considérations lorsque mon regard est brusquement attiré par un étrange détail. Situées à quelques encablures de l'île vers laquelle nous nous dirigeons, les ruines de ce qui semble être une soucoupe volante gisent de guingois à la surface des flots. Vue la distance, cette sorte de plateforme pétrolière aux lignes protofuturistes doit être gigantesque. On dirait une attraction qui a mal tourné quelques jours seulement après son inauguration. Plantée sur quatre pieds, elle s'est visiblement effondrée sur un côté avant de s'immobiliser dans cette position absurde, ne laissant plus voir que ses énormes hublots ovoïdes, comme les yeux d'un crapaud mort. J'espère seulement qu'il n'y avait personne à bord. Je tends un bras vers l'engin en questionnant les omoplates dénudées d'Angie, mais ma phrase prend le vent et file dans la direction opposée. Devant nous, Lamb Island approche trop vite pour que je me répète.

Sur un ponton sécurisé de cordes, une armada de domestiques nous attend, rangée en haie d'honneur, casquettée et costumée de blanc, talkie-walkée, lunettée, muette et immobile, alors qu'une espèce de majordome doublemétrique nous extirpe du bateau d'un seul bras dont j'ai du mal à estimer la véritable longueur. Lui et Angie échangent quelques mots et puis je la suis, laissant derrière moi la valetaille se jeter en ordre sur nos bagages. À une époque pas si lointaine, je me serais empressé de les aider. Mais ma vie avec Glenda a eu sur moi un effet plutôt nocif côté sociétal. Nous avons, elle et moi, traîné dans tellement d'hôtels de luxe que j'ai acquis à mon tour cette vision périphérique capable de faire le tri entre mes semblables et les autres. Et je ne déteste rien de plus que de m'en rendre compte parce qu'à chaque fois j'entends la voix de mon ex-future femme me rappelant à l'ordre : « Laisse tomber, Hector, ces gens sont payés pour ça. Si tu veux qu'ils te mangent dans la main, il faut les mépriser. C'est le seul langage qu'ils comprennent. »

Je profite du paysage et de l'atmosphère lourde avant de poser mon séant à l'arrière d'une petite voiture de golf qui nous secoue pendant dix bonnes minutes.

Personne.

Nous ne croisons, ne doublons, n'apercevons personne jusqu'à la terrible demeure du Dr Taburiax. Il y a donc encore sur cette planète de véritables îles désertes même pas recensées par Google Earth. Il y a encore sur cette terre la possibilité de se perdre sur un truc pas plus épais qu'un galet sans qu'aucun percepteur ne vienne vous réclamer des comptes. C'est tout simplement impressionnant.

Si nous avons fréquenté quelques grands hôtels, Glenda et moi ne sommes qu'en de trop rares occasions sortis du territoire européen. Glenda n'aime pas l'avion. Ni le train. Ni les salles de cinéma. En fait, Glenda n'envisage pas d'être encloisonnée plus de deux heures d'affilée dans un lieu n'ayant pas l'espace nécessaire pour stocker une conséquente quantité de nourriture. Oui, c'est une étrange phobie, je n'en doute pas, mais c'est ainsi. Nous avons creusé en bien des endroits pour connaître les causes d'un tel mal, mais rien ne s'est produit. Glenda ne supporte pas la possibilité d'être privée d'« assez » de nourriture. Certes, un avion long-courrier est pourvu de containers suffisamment vastes pour transporter l'équivalent de trois abattoirs régionaux et une bonne demi-douzaine d'épiceries, nous le savons tous. Mais allez faire entendre ça à Glenda. Donc, nous n'avons guère couru les confins.

Pour en revenir à la terrible demeure du Dr Taburiax, elle se tient juste là dans mon dos. Quand je sors de la voiture de golf et que je me retourne, j'ai exactement la même expression que Sam Neil dans *Jurassic Park l*orsqu'il aperçoit pour la première fois un diplodocus en chair et en os : c'est terriblement gigantesque vu d'ici ! Qu'est-ce que ça doit être quand on est devant l'orteil !

Du coup, j'enlève mes RayBan pour voir ça sans filtre. Bizarrement, la présence d'une plateforme *off-shore* dans le voisinage de l'île ne me paraît plus du tout incongrue.

— Allô ?

— …

— Allô ? !

— …

— Si vous n'avez rien à me dire, raccrochez ce poste immédiatement et oubliez ce numéro, c'est une erreur.

— J'ai besoin de toi.

— Ça suffit maintenant ! Je vais débrancher ce téléphone et tu ne pourras plus jamais me joindre.

— J'ai pris contact avec Leiter.

— Très bien. Tu n'as donc plus besoin de moi.

— Il est à la retraite.

— …

— Il ne peut rien pour moi. Il n'a plus l'autorité nécessaire. J'ai bien senti qu'il se moquait un peu de moi, mais que voulais-tu que je dise ?

— Je vais l'appeler !

— Non, Papa, c'est inutile.

— Je vais appeler Leiter, on va bien voir de quoi il retourne. Si je ne peux même pas lui demander ça, alors !

— Je veux que ce soit toi qui m'aides, merde ! Je me fous de Leiter. Ce vieux débris ne veut pas bouger de son rocking-chair pour une histoire de fesse. Qu'est-ce que tu vas changer à ça, hein ? Toi-même tu ne veux pas bouger ton cul !

— Tu as parfaitement compris.

— …

— Allô !

— Alors écoute bien ce que je vais te dire, Papa. Maman m'a donné un jour un petit médaillon comme on en faisait dans l'ancien temps. Ce petit médaillon s'ouvre et il renferme une photo de toi ainsi qu'une petite mèche de cheveux qu'elle a dû récupérer dans un de ces moments de passions qui nous transforme en apprenti fétichiste. Cette mèche t'appartient, je l'ai faite analyser. Il n'y a aucun doute sur ton ADN. Comparé au mien, il ne fait aucun doute non plus que tu es mon père. Tout ceci est consigné dans un dossier qui comporte, entre autres choses, mes diverses fiches médicales. J'ai très peu d'espoir de faire de toi un père aimant. Mais à défaut, j'ai la preuve que tu as engendré un être humain dégénéré. Et crois-moi, si tu ne m'aides pas, je transmettrais ces informations à qui de droit. L'Angleterre doit être la seule monarchie parlementaire au monde où les journaux à scandales ont encore un peu de pouvoir.

— De quoi est-ce que tu me parles ? Nous sommes au XXIe siècle pauvre andouille. Qui veux-tu que cette histoire choque ?

— Toi. Juste toi. Le héros de la Couronne, l'invincible sauveur de l'Empire. Jamais tu ne supporteras d'être la risée des fumoirs et des clubs de bridge. Réfléchis bien mais réfléchis vite…

Mon amour... Il fut un temps – une éternité semble-t-il au vu de ma nouvelle vie et de ses bouleversements – où je ne ressemblais pas à la femme que tu as connue. Mes origines tout d'abord, qui me tenaient loin, à l'écart de mes désirs réels, empiétaient jour après jour sur une destinée dont personne ne s'est jamais méfiée. Ma mère est une personne sensible à bien des égards. Le drame qu'elle a vécu le jour où mon père l'a quittée ne m'a pas permis d'agir aussi tôt que je l'aurais souhaité. Lui imposer ce que j'ai finalement fait plus tard aurait achevé de l'anéantir. Elle aurait pris cela comme un échec supplémentaire dans une vie semée de chausse-trappes qu'elle n'a pas su éviter. Mon père est un magnifique salopard qui m'a ôté définitivement l'envie d'appartenir à la tribu dominante.

L'imagination nous permet beaucoup. Les nombreux refuges qu'elle offre sont autant de bonheurs dans lesquels on s'emprisonne volontiers pour voir les choses comme elles ne sont pas, comme elles ne seront jamais. L'imagination est une de ces rares vertus dont on regrette un jour d'avoir trop largement abusé. Je n'ai jamais été la femme que tu imaginais, Hector.

Ce que je m'apprête à t'avouer me fait un mal insensé.

Mais c'est de cette immense douleur dont je dois impérativement me débarrasser aujourd'hui…

Deuxième partie :

Take off

Tout ce qui t'arrive aujourd'hui est de ma faute et de ma responsabilité, Hector.

Pour que tu comprennes l'étendue des dégâts que j'ai lentement occasionnés, j'ai décidé d'entamer ces trois révélations par celle concernant ma mère. Ça n'est pas la plus importante de toutes mais, à elle seule, elle porte en son sein toute une partie de ce qui fut mon histoire et de ce qu'est l'histoire d'aujourd'hui.

Ma mère est Russe.

Elle est née dans les faubourgs de Vladivostok en 1947. À 18 ans, aînée d'une famille de quatre enfants dans le besoin, elle entre dans l'armée comme secrétaire d'un jeune colonel dont elle s'éprend très rapidement. En pleine effusion de romantisme, le militaire se laisse aller à la confession : il est agent secret et se voit fréquemment confier des missions de l'autre côté du rideau de fer. Immédiatement excitée par ces confidences, ma mère se laisse convaincre d'entrer dans le cénacle. À 20 ans, Anya Amasova devient ainsi la plus jeune espionne du KGB. Menant dès lors une double vie, ma mère partage son temps entre le foyer familial – où, rentrant du travail, elle doit trouver le temps de nourrir mère et sœurs – et ses missions à l'étranger – pour lesquelles on réclame d'elle la plus grande sophistication.

Je ne sais pas exactement de quelle manière elle a vécu cette partie de l'aventure avec son amant colonel. Certainement avaient-ils chacun leurs obligations. Je sais simplement que leur histoire d'amour fut intense et que lorsque le colonel vint à disparaître au cours d'un dérapage unilatéral, elle en fut si atteinte qu'elle démissionna aussitôt. On lui signifia l'outrecuidance qu'il y avait à agir ainsi et, pour lui changer les idées, on lui confia une mission de la plus extrême délicatesse. En deux mots, il s'agissait, de manière tout à fait gênante – donc confidentielle – de faire équipe avec un agent britannique du MI-6.

Ses années au KGB avaient pourtant endurci la jeune Anya. Elle était peu impressionnable, mais l'annonce d'un binôme avec un agent étranger, tout britannique soit-il, ne l'enchanta guère. La direction des renseignements russes s'attacha donc à faire un portrait très flatteur de l'homme du MI-6, bien qu'il fut, au fond, un ennemi.

Sa légende le précédait déjà. Il sévissait dans l'ombre de la Couronne depuis une bonne décennie et la liste était longue des adversaires du Royaume-Uni qui étaient passés entre ses mains pour y être broyés. Cet homme avait tout simplement réduit en miettes les organisations les plus diaboliques de la dernière décade. En pleine guerre froide, on l'avait envoyé sur tous les terrains, toutes les opérations, dans tous les conflits et, à lire les rapports de ses exploits, c'était à se demander comment le monde avait pu conserver sa bipolarité jusque-là.

L'agent britannique était tout simplement un indestructible grain de sable dans les rouages planétaires, une arme redoutable qui, à elle seule, remplaçait bien des bombes atomiques. C'était avec ce type que ma mère allait devoir faire équipe. Et à bien des égards, elle finit par considérer cela comme une gratification venant récompenser ses quelques années de service....

7
Le Docteur Taburiax...

… a sans aucun doute quelque chose à se reprocher.

Il n'est guère plus grand qu'un autre – moi par exemple – et porte d'amples vêtements de lin clair, au travers desquels on aperçoit un torse glabre à la peau burinée, qui enveloppent un corps souplement musclé, et un vrai panama, de ceux que l'on peut faire passer à travers une alliance pour crâner devant ses amis au retour des tropiques.

Mais ses yeux, d'un bleu clair absolument photogénique, vont et viennent, incapables de se fixer aux vôtres, alors que vous essayez d'approcher l'homme avec toute la franchise de l'aspirant beau-fils. Comme si ça ne suffisait pas, le salopard a la main moite et vous la tend à serrer comme une poignée de spaghetti trop cuits, il sent des dents, de cette épouvantable odeur d'arrière-goût sucré aux enzymes.

Surenchère : il ne parle pas un mot de français, marmonne entre ses incisives, m'évite quand je le salue et s'enfuit rapidement, sa fille sous le bras, me laissant là, dans le hall de l'orteil du diplodocus, abandonné à ses perspectives monumentales sans même un guide touristique pour m'aider.

Oui, à n'en pas douter, le Dr Taburiax a quelque chose à se reprocher.

Dans l'antre de la bête, c'est à l'avenant.

Un décor de pailles tressées, de charpentes coco, de ventilateurs à pales ptérodactyliennes et de moustiquaires volant au rythme des éternuements d'une tiède brise marine. L'odeur est agréable, il doit y avoir des diffuseurs de fragrances agrippés à toutes les prises électriques. On se croirait chez *Nature & Découvertes.* Un bar en bois précieux ; un piano blanc à quatre pattes sur une peau de tigre qui gît gueule ouverte comme si, après un âpre combat, il avait finalement succombé là, terrassé par le poids de l'instrument ; un salon de cuir grège ; une table basse aquarium dans laquelle s'ébat un bataillon de rascasses ; un sol en plancher qui craquette à chaque pas – impossible de se relever la nuit pour aller piquer dans le frigo sans se faire gauler par le concierge ; des statues de bois ; une bibliothèque municipale clouée sur trois murs. Débauche de moyens. C'est somptueux et un type en costume short blanc, immense malgré la distance qui nous sépare, s'approche de moi à vitesse lente. Le majordome doublemétrique.

Il parle un français impeccable quoi qu'indatable au carbone 14, qui me permet tout de même de comprendre qu'il se prénomme Valentin et qu'il va me conduire à mes appartements, si je veux bien le suivre.

Je le suis. Nous déambulons dans diverses coursives dédiées au règne de l'air climatisé avant de ressortir transpirer sous un passage protégé. Enfin, nous arrivons face à un village de petits bungalows, comme si l'endroit était de temps à autre loué en formule familiale par un *tour operator* de Liverpool.

Mon bungalow donne sur la plage. C'en est aveuglant. Il porte le numéro 26.

Valentin fait tout un tas de gestes destinés à chasser quelques mouches qui turbinent mollement autour d'un abat-jour au-dessus de la table du salon et à les mener dehors où elles iront mourir, abattues par la chaleur humide des West Indies. Il ouvre des rideaux, il ouvre des armoires, il ouvre des portes, il ouvre les bras, il ouvre mes yeux à la richesse de cet endroit qui, si je comprends bien tout, m'est offert par le maître de céans.

Une demoiselle vêtue comme une soubrette de film porno le suit dans le moindre de ses déplacements avant d'échouer dans la chambre où elle s'occupe de l'habillage d'un vaste plumard qui swingue dès qu'on s'en approche.

Valentin, qui voit que les ondulations de la femme de chambre m'intriguent, me confie qu'elle s'appelle Consuelita et qu'elle est joignable à tout moment et en tout endroit pour faire du massage. L'intonation qu'utilise alors le majordome pour me parler très simplement de ce temps partiel ne laisse planer aucun doute sur ce que cela signifie : Mlle Consuelita n'est pas celle que l'on s'imagine, service-service pas plus, ni contre rétribution. C'est une demi-créole, les créoles sont incorruptibles. Et comme je n'avais rien sous-entendu, me voici avec des idées inappropriées en tête.

Valentin remet de l'ordre dans mes pensées en sortant d'un placard un kit de plongée amateur comprenant masque, tuba, palmes, ceinture à couteau et fusil-harpon. Il m'indique que le coin est un bon coin, que les eaux territoriales sont la propriété du Dr Taburiax et qu'en tant qu'hôte, je puis en disposer comme bon me semble, dussé-je dépeupler toute la garnison aquatique de la côte.

Valentin est un homme rompu à l'exercice hôtelier.

Je le remercie.

Il se retire.

J'observe une minute la douce Consuelita qui finit de s'agiter autour du lit à eau, puis m'approche de mes valises une fois qu'elle est sortie.

Je ne suis pas garçon à se poser trop de questions, on l'aura noté. Par exemple, le fait de ne pas avoir été rejoint dans les minutes suivantes par l'épousante Angie ne m'empêche pas de me préparer à sortir, via la baie vitrée, ridiculement glissé dans un short de bain un peu trop court et serré à la taille par la ceinture à couteau dont l'ustensile, bien qu'émoussé, tape à chaque pas sur ma cuisse droite. Mon teint d'endive blette se confondant avec le sable, pré-chaussé de mes palmes en prévision des brûlures occasionnées par le tabassage solaire, je m'avance en direction de l'océan qui balance chaudement devant moi comme une barre translucide d'anisette. Le masque est déjà enfilé sur le sommet de mon crâne, le tuba glissé sur la bande de caoutchouc orange, je progresse avec peine mais superbe, chasse quelques crabes qui partent en courant de travers. C'est là que j'aperçois un nouveau machin.

À quelques mètres de moi, planté de travers en bordure de la plage, un robot, certainement mort depuis une bonne décennie, achève de rouiller sous l'attaque patiente de l'air iodé. Le bazar doit avoisiner les trois mètres et ressemble de manière disproportionnée à l'un de ces engins qu'on offrait à Noël il y a une trentaine d'années : carré, massif, les bras repliés, les yeux ronds, une bouche en forme de calandre et une paire de portes au niveau du buste renfermant deux canons lumineux émettant diverses stridulations plus ou moins menaçantes.

Au bout de cinq bonnes minutes d'observation à distance, j'abandonne et je me laisse aller dans l'eau tout en me demandant ce qui peut bien se tramer dans le crâne de piaf de cet étrange Dr Taburiax.

« Message n° 1 à destination de l'Écosse : première !

Sa Seigneurie miséricordieuse bonjour,

Veuillez pardonner le ton condescendant de cette petite introduction et tâchez de ne pas y accorder trop d'intérêt : je me fous ouvertement de votre gueule. J'ai l'air de sourire comme ça, mais là encore, ne vous y trompez pas : il ne s'agit que d'une irrépressible envie de me gausser quand je songe à votre tête alors même que vous regardez cette vidéo. Je regrette amèrement que notre langue ne permette pas l'utilisation familière du « tu » dont font usage ces saloperies de Français pour s'adresser à ceux qu'ils exècrent. J'en aurais abusé avec un plaisir certain.

Dans un premier temps, permettez-moi de me présenter. Je m'appelle John Fenimore Taburiax. Bien évidemment, vous ne me connaissez pas. Vous avez passé toute votre misérable existence à dessouder de malheureux idéalistes qui avaient eu le mauvais goût de vous provoquer, mais vous n'avez encore rien vu. Taburiax, mon cher : notez ceci dans un coin de votre cerveau malmené par les diverses syphilis que l'Empire britannique a soigné tout au long de votre carrière sur le dos du contribuable. T-A-B-U-R-I-A-X. Pour que vous ne vous trompiez pas sur l'orthographe, j'ai fait graver ces lettres sur votre pierre tombale. Elle est ici, elle vous attend. »

— Hihi ! Valentin !... Valentin, vous m'entendez ?

— Oui, Docteur, je vous écoute ?

— Qu'est-ce que c'est que cette saloperie que vous m'avez refilé ?

— Vous voulez parler de la … ?

— Oui. J'en ai pris la même dose que d'habitude et je passe mon temps à glousser comme une ânesse.

— Je ne comprends pas, Docteur. C'est exactement la même que d'habitude. Le señor Ramirez me l'a assuré…

— Valentin, ne prononcez jamais ce nom devant moi, même par l'intercom.

— Entendu, Docteur, pardonnez-moi.

— Fichez-moi la paix, maintenant.

— Bien, Docteur.

— Où en étais-je ? « Sa seigneurie miséricordieuse », je l'ai dit… « Taburiax », c'est fait… Ok ! J'en suis là….

« Nous aurions pu nous rencontrer plus tôt, seulement… disons que nos deux histoires en ont décidé autrement. D'un côté, je le déplore. De l'autre, je ne peux pas m'empêcher de penser qu'en vous défiant de la sorte alors même que vous vous retrouvez frappé par la limite d'âge, je possède un ascendant sur vous qui vous fera sans doute regretter l'empâtement dans lequel vous avez sombré. Oui, petit être perfide, contrairement à vous, je me suis économisé et malgré nos âges voisins, je suis d'une incroyable jeunesse. Haha…

Mais, laissons cela de côté pour l'instant. Il me restera à la fin de cet exposé un peu de temps, je pense, pour vous raconter ma vie, mon œuvre et quelles sortes de considérations m'ont poussé à commettre l'acte démoniaque que je m'apprête à vous avouer.

Je ne suis pas peu fier du succès de mon entreprise. Oh ! Elle n'a pas été bien compliquée à mettre en place : je n'ai eu à compter que sur votre stupide confiance en vous et sur la négligence dont vous faites preuve à l'égard de votre progéniture. Je suis donc tout à fait conscient qu'à cette heure, vous n'êtes pas du tout au courant de ce qui est arrivé à votre fils. Et croyez-moi, ça n'est pas sans une certaine fierté que je vous annonce qu'il est actuellement retenu ici-même, par mes hommes. Oui, très cher Commandeur, j'ai kidnappé Jean. Et je dois avouer que ce fut une tâche relativement aisée à… »

— Rhâââ ! Non, bon sang ! J'ai dit que je ne voulais pas être dérangé ! Angie, quand la lumière rouge est allumée devant la porte, c'est que personne ne doit entrer ici, merde !

— Qu'est-ce que c'est que ce bazar ? Qu'est-ce que tu fais ?

— Ma chérie, je travaille et je vais te demander de me laisser tranquille.

— Attends ! C'est quoi ça ? Des palmiers ?

— Oui, des palmiers, oui.

— Tu as coupé des palmiers pour les amener ici ?

— Oui, Angie, on appelle ça un décor.

— Un décor ! Tu vis seul sur une île déserte entourée de palmiers et tu construis un décor dans cette cave alors que tu aurais pu faire la même chose dehors ?

— Dis-moi, ma chérie, je suis encore chez moi ici et je fais ce que je veux.

— Mais c'est mon héritage que tu es en train de déplanter.

— Je ne suis pas encore mort, ma chérie. J'investis mon argent où bon me semble. Et si ça peut t'énerver encore un peu plus, sache que le dispositif que tu vois ici raccorde cette petite caméra directement à un central d'enregistrement numérique situé à quelques mètres juste en dessous de nous. Ça m'a couté une fortune, mais il me suffira d'appuyer sur un seul bouton et, en quelques secondes seulement, ce message fera le tour de la Terre.

— Papa. Ça s'appelle Internet, ton bidule. Et les trois quarts de l'humanité y sont déjà reliés depuis au moins dix ans.

— Si tu me disais ce qui t'amène, on gagnerait du temps.

— Je viens de te livrer ce type et je t'avertis qu'en ce qui me concerne, ma mission est terminée. Voilà, c'est tout. Et je ne veux plus rien avoir à faire avec lui. Ni qu'il me touche, ni qu'il m'approche, ni même qu'il me regarde. Est-ce que c'est clair ?

— On en rediscutera au repas ce soir, si tu permets. Pour l'heure, je dois finir ceci pour l'envoyer au plus vite.

— On n'en rediscutera pas.

— Mais si.

— Certainement pas.

— À plus tard, ma chérie.

— Ouais, c'est ça !

8
Comme Ursula Andress

Je me suis laissé un peu aller avec Glenda. Un manque quelconque dans notre relation m'aura malencontreusement poussé à des excès de bouche aujourd'hui très visibles sous la masse adhésive et translucide de mon t-shirt détrempé. Le masque relevé au-dessus des yeux, les palmes sous un bras, le fusil-harpon vide dans une main, l'autre occupée à tenir haut le trophée de ma sortie subaquatique, j'avance hors des vagues, puis sur la grève, avec une grâce croustillante, tout en bedaine. Pour rajouter à la pose, j'ébroue mon carré de cheveux mi-longs auxquels je trouve bien plus de style lorsqu'ils sont mouillés.

J'avais pourtant mis du mien dans cette promenade : j'allais, sans aucun doute ni mal, affronter quelques poissons peu vifs et non retors à grands coups de harpon et les réduire en brochettes longues au mètre. Las ! C'était sans compter sur la vétusté du matériel aimablement mis à ma disposition par Valentin et par l'entremise du Dr Taburiax. Palmant de droite et de gauche, observant, l'air de rien, les habitudes du peuple des mers, j'avais repéré une sorte d'individu de taille moyenne qui semblait peiner dans ses déplacements. Tel le prédateur de base, je décidais de commencer par celui-ci, pariant sur un handicap congénital qui en faisait, certes, une proie facile mais néanmoins nécessaire à ma survie. J'approchais donc la cible avec ruse et circonvolutions puis, m'étant assuré que rien ni personne ne serait plus rapide ni habile que moi, je visais le poisson tel un farouche archer. Une fois lancée, la flèche manqua minablement son but, fusa dans la direction opposée avec une telle fougue qu'elle cassa le fil qui la reliait au fusil. Je ne pus que les regarder fuir, elle et mon poisson qui n'avait rien d'un ankylosé et savait parfaitement se servir de ses huit nageoires et de la fantastique ergonomie que lui avait forgée Dame Nature.

Je rageais quelques temps contre le mauvais entretien de ce matériel et la négligence de ce Valentin francophone de malheur qui devait pourtant ne rien avoir à faire de mieux trois fois par jour que de remplacer les fils des fusil-harpons de Lamb Island. Enfin tout de même, c'est un monde ça !

Puis, la munificence de l'endroit, le sublime de cette faune incroyable et la limpidité de cette eau remirent enfin de l'ordre dans mes enragements. Comme j'avisais, soudain, à quelques brasses sous moi, la reptation languide d'une conque, je décidais de l'aller cueillir pour me venger de ma récente perte. Plus prompt à se laisser saisir, le mollusque me donna du plaisir et regonfla un temps l'orgueil de mes humeurs chasseresses. J'appréciai l'abnégation du mollusque. J'allais repartir en quête d'un autre de ses congénères lorsqu'un mouvement dans le voisinage me fit tranquillement tourner la tête. Pas moins de trois mètres sous mes palmes un requin et ses lieutenants croisaient, faussement paisibles et sans doute à l'affût, eux aussi, d'une proie simple et peu mobile. C'était mon premier. Je ne pris pas le temps de bien l'observer. Dans les cinq secondes qui suivirent, j'étais debout sur le sable dans l'attitude bedonnante qui ouvre ce chapitre plein d'exploits. Là-bas, l'œil oxydé du robot de trois mètres observait ma sortie avec une moquerie certaine.

Glenda me répétait à satiété que la présence autour de mon ventre de cette bouée adipeuse et flageolante la répugnait, que c'était sans doute là la cause de notre désunion physique et qu'aucune femme ne trouverait jamais cela érotique. Un comble, si l'on considère que question masse graisseuse, la demoiselle me bat à plate couture.

Je suis donc là, à me secouer le cheveu, mon lambis à la main, sous le soleil ardent des tropiques, noir sur cette grève si blanche. Face à moi, franchissant la barre des palmiers tordus par les ouragans, Consuelita apparaît telle qu'en elle-même, sa tenue de soubrette a disparu pour un bikini hardcore d'un blanc virginal tout à fait de saison. Elle vient vers moi, très petite et toute en bosses, franchement décidée soit à s'occuper du fil de mon harpon, soit à m'apprendre comment on assouplit la conque une fois extirpée de son habitacle.

Je ne vois que ça.

On ne me fera tout de même pas croire que dans un endroit aussi petit, le domestiquat prend le risque de cocufier la fille du maître de maison. Certainement qu'une des tâches quotidiennes de Consuelita est de passer par la plage afin de veiller à la qualité du sable, et que pour ce faire elle revêt ce maillot de bain peut-être un peu voyant mais qui n'en reste pas moins la tenue la plus appropriée pour l'endroit.

La peau de Consuelita est aussi sombre que la mienne est molle et son tonus musculaire est au moins à la hauteur de ma pâleur de rouquin. Elle est douce aussi. Salée. Je ne parlerais pas de ses seins ni du reste de ce corps customisé pour les plus grandes compétitions internationales de gréco-romaine sur matelas, parce que je refuse de laisser traîner trop de traces de ces instants humides qui, après tout, ne regardent que moi et risqueraient, au-delà du cercle intime, de placer ce texte dans une catégorie qui lui serait dommageable. Je me contenterai donc d'un hiératique : « Nous baisâmes comme une paire de crabes entre deux marées hautes ».

Cependant que nous procédons à notre accouplement, je fais la connaissance du père de Consuelita. D'abord, bien entendu, j'ignore tout de l'état civil de cette silhouette d'homme en arme que j'aperçois dans mon champ de vision retourné (je suis alors sur le dos). Je considère néanmoins avec un intérêt grandissant la carabine qu'il porte en bandoulière autour de son grand corps massif, comme si quelqu'un allait se risquer à la lui piquer. L'homme nous observe, paisible mais attentif. Tellement attentif d'ailleurs, qu'on dirait qu'il prend une leçon de choses. En fait, un temps inquiet pour ma sécurité et accessoirement celle de ma partenaire, je me rassure en songeant qu'il ne nous interrompra pas et attendra que nous en ayons terminé. Peut-être a-t-il un message pour l'un de nous deux ?

— Qui c'est celui-là ?

— *¿ Qué ?*

Consuelita, qui s'escrimait jusque-là à me maintenir d'aplomb, aperçoit à son tour l'objet de ma distraction. Soudain enragée par la présence de l'étranger, elle se redresse et se lance dans un concours de grossièretés hispanisantes destinées à éloigner l'importun. Néanmoins, jamais elle n'interrompt ses mouvements rotatifs autour de mon bassin. Bien au contraire. Plus elle progresse dans les aigus, plus l'homme recule, plus elle prend du plaisir.

— C'est mon padre.

— Ton père ! Ton père vient te mâter à la plage pendant que tu fais ce genre de trucs ?

— *¿ Qué ?*

— *¿ Tu padre vient à la playa para te regardar faire el sexo con un étrangero ?*

Consuelita me regarde comme si j'étais un jeune prêtre madrilène plein de remords. Je ne parle pas une broque d'anglais, mais je maîtrise quelque peu la langue de Cervantès. Elle se rhabille avec ce qu'elle possède de tissu et, retrouvant la rage combative avec laquelle je l'ai vue ce matin faire mon lit, me toise quelques secondes encore, se redresse et puis s'en va, ses deux petites fesses montant et descendant au rythme de leurs amortisseurs tout neufs. Je n'ai jamais très bien su parler aux femmes. La peur de l'échec, sans aucun doute.

Alors, revient l'homme à la carabine. C'est comme s'il s'était éteint dans l'ombre d'un palmier et qu'il décidait de réapparaître. Il fait un pas vers moi et pose une main sur la crosse de sa carabine.

Immédiatement, deux questions surgissent, comme taguées au néon sur la face interne de mes paupières :

1. Ai-je fait une connerie ?
2. Cette histoire commencerait-elle à tourner bizarre ?

Et une petite voix de murmurer quelque part : « Il serait temps que tu fasses le point, Hector. »

« Message n°1 à destination de l'Écosse : deuxième !

On coupe à l'intervention d'Angie et on reprend là : Oui, très cher Commandeur, j'ai kidnappé Jean.

Et je dois avouer que ce fut une tâche très simple à orchestrer. Le monde est peuplé d'énergumènes prêts à tout pour une poignée de boulons. Je suis à peu près certain que dans votre entourage même, j'aurais pu trouver une bande de crétins à corrompre, mais je n'aime guère la facilité. Un homme d'ambition, un homme d'action, voilà à qui vous allez avoir à faire, chère crevure, vieille fiote écossaise, engeance utérine, si j'étais né plus tôt j'aurais moi-même avorté votre mère avec un cintre rouillé… »

— Non ! Meeerde ! Qu'est-ce qui me prend ! Valentin !

— Docteur ?

— Trouvez-moi cette ordure de Ramirez que je lui sorte le cœur au coupe-ongle !

— Que se passe-t-il, Docteur ? Vous êtes tout suant.

— Cette cocaïne est coupée à l'acide de batterie ! Tout à l'heure, elle me faisait rire, maintenant, j'ai envie d'écorcher

tout le monde ! C'est quoi, cette merde que vous m'avez refilée ?

— Vous voulez votre ritaline, Docteur ?

— Foutez-moi la paix ! Oh ! Putain, putain, je suis trop excité. Respire, respire, respire…. Ffffffffffff ! Fffffffff ! Ffffffffffff ! Okéééééé !

« Raheeeem ! Mon cher Commandeur. Que diriez-vous si je vous disais que vous et moi sommes du même moule ? Rien. Bien évidemment. Vous me ririez au nez. Et vous auriez raison. Nous ne le sommes pas. Je l'ai cru. Pendant quelques années. Et puis, je me suis aperçu que je me méprenais sur votre compte. Vous êtes infiniment moins puissant que je ne le suis. Même du temps de votre superbe, vous ne m'arriviez pas à la cheville. Oh ! Je sais à quoi vous êtes en train de penser alors que je prononce ces mots. Vous observez ce coin de votre mémoire où repose votre tableau de chasse, vous admirez votre propre reflet dans les yeux de verre des ennemis que vous avez empaillés et vous n'imaginez pas qu'il puisse en rester un, un seul qui les vaille tous. Détrompez-vous, Commandeur. Je suis la flèche de Pâris dans votre talon d'Achille, je suis Pâris à moi tout seul, je suis votre bombe à retardement, je suis votre tombe, votre fosse commune, je suis votre mort parce que la Mort… c'est moi. Je vais vous terrasser, mon ami. En toute simplicité. Et vous savez quoi ? C'est vous qui viendrez à moi.

J'ai votre fils, je suis votre tourment. À l'heure où vous recevez ce message, il est encore en vie. Plus pour longtemps. Inutile de perdre votre temps, son transpondeur gît au fond d'une cuvette des toilettes de l'aéroport d'… oups ! J'ai failli vous donner une piste ! Quel idiot je fais. Hahahahahaha ! Mais je ris, je ris et vous ne savez toujours pas ce qui vous attend.

Voyez-vous, mon camarade, les choses sont simples. J'ai une envie incroyable de vous rencontrer. Une très vieille envie, nourrie par des années de détestation. J'y reviendrais. Pour l'heure, laissez-moi le plaisir de vous faire languir encore un peu. Vous avez désormais le désir ardent de revoir votre fils vivant et j'ai celui de ne pas vous contenter dans l'immédiat. Je vais donc vous laisser moisir encore une bonne semaine. Nous sommes aujourd'hui mercredi, le jour des mariages[2]*. Mercredi prochain, votre fils sera travaillé au fil de cuivre par une paire de culturistes hongrois que j'affame depuis un mois. Il vous reste donc moins de huit jours pour retrouver ma trace et venir vous mesurer à moi. Mais je vous le répète, Commandeur… je suis, sans doute aucun, l'homme le plus nuisible que le monde ait jamais enfanté ! Attendez-vous au pire. Alors, comme on dit chez vous quand on veut se donner un genre en imitant l'accent français : Bon voyage ! Ahah ! Ahaha ! Aaaahahahahahaha… »*

— Noooon ! Non ! Nooooon ! Angie, je ne veux pas te voir ici ! Qu'est-ce qu'il faut que je fasse pour que tu me foutes la paix ? Enfin, merde !

— Juste un dernier détail. Notre accord !

— Quoi, notre accord ?

— Je t'avais dit avant de partir que je n'acceptais la mission qu'à une seule condition.

---

2 En anglais, mercredi se dit « Wednesday », contraction de « wedding's day » : jour des mariages.

— Oui, et tu t'es bien gardée de me dire de quoi il s'agissait.

— Parce que tu es un fourbe, Papa, et qu'avec les fourbes, il vaut mieux agir qu'attendre. Je t'ai ramené ce que tu souhaitais, maintenant tu dois dire oui.

— Oui à quoi ?

— Dis oui, c'est tout.

— Certainement pas !

— Dans ce cas, je ne te dirai pas où est Jean.

— Quoi ?

— Dis oui, et je te dirai où est Jean.

— Qu'est-ce que c'est que cette histoire ?

— Dis oui, et tu sauras.

— Mais je dois dire oui à quoi ?

— Dis-le !

— Oui, oui, oui ! Voilà, t'es contente ?

— Merci.

— Maintenant, dis-moi où est ce crétin ?

— Il vient d'être surpris sur la plage en train de lutiner Consuelita.

— Grand bien lui fasse.

— Son père les a surpris.

— Oh ! Non…

— Voilà. Maintenant, tu te démerdes, moi, je me casse avec Ramirez.

— Oh ! Noooooooon !

9

Huit souris & un homme

— Je pense, mon ami, que vous vous méprenez considérablement sur mon compte et je suis certain que, si vous consentiez à baisser cette arme, nous pourrions sur-le-champ réparer cette confusion comme une bonne paire de vieux camarades !

Toujours paraître innocent même dans la pire des adversités, pris la main dans la culotte. Et autant que possible, habiller ceci avec de longues phrases pleines de tubercules excusatoires. La plupart du temps, ça désarme l'ennemi.

— *¡ Callate putito ! ¡ Caminá y cerrá la boca, no entiendo un carajo lo que decís !*

— Bon sang ! Vous ne parlez pas du tout français ? *¿ No comprende el frances ?*

— *¡ Te callás o te parto la cabeza de un machetazo !*

Très rapidement, le père de Consuelita a perdu de son aura mystérieuse pour se draper dans une attitude menaçante tout à fait concrète : soit je suis la route qu'il m'indique en enfonçant régulièrement l'extrémité de sa carabine entre mes côtes, soit je résiste et tente de lui faire entendre raison et alors il pressera la détente de l'arme à feu sans se faire prier ni craindre les conséquences de son acte belliqueux – c'est amusant ce terme antinomique de détente, on n'y pense jamais autant que lorsqu'elle devient quelque chose d'extrêmement tangible.

Je parie peu sur mes talents diplomatiques et cesse donc d'importuner cet honnête père de famille – blessé dans sa chair, je veux bien en convenir, mais l'exprimant de manière peut-être un peu excessive – puisqu'il apparaît que ni lui ni moi n'arriverons à nous entendre. J'avance, lève les mains comme j'ai vu faire, et profite, tant que cela dure, de ces dernières minutes d'existence sous le soleil des tropiques. J'use ce temps plein d'angoisse à me mettre dans la peau d'un honnête père de famille, latin de surcroît, bavotant avec un étranger plutôt mal foutu et de toute évidence français. L'empathie, si elle ne sert à rien dans cet exemple un peu limite, peut parfois s'avérer utile.

Oui ? Et alors ?

Non, la paternité, toute hispanique qu'elle puisse être, n'explique pas ce regain d'agressivité envers un garçon qui, finalement, n'avait rien demandé. Rappelons-nous tout de même que c'est Consuelita qui se jeta à ma tête et baissa la première mon slip de bain ! Certes, je ne me le suis pas fait dire deux fois. Mais à qui pourrait-on le reprocher, exactement ? Certainement pas à

Hector Malbarr qui, depuis près de deux ans maintenant, s'épanche quotidiennement dans des actions onanistes qui n'ont désormais plus rien d'hygiénique.

Et si c'était là un piège ? Parfaitement rodé, diaboliquement mis en place par Consuelita et son padre. Sordide, soit, mais la vilenie ne l'est-elle pas de toute façon ? Voilà Consuelita qui, pour arrondir ses gages et l'irraisonnable montant de la retraite de son pauvre père, parcourt les bords de mer en bikini, appâte le chaland comme une vulgaire prostituée de faubourg, lui propose l'estocade pendant que le padre fait posément le coin du bois, carabine à l'épaule. Ensuite de quoi, à l'ancienne, il passe cueillir le garçon qui, calebasses vides, n'offre plus qu'une résistance purement factuelle, l'ordonne avec son fusil, le mène en quelque endroit que nous allons découvrir, et le détient là jusqu'à ce que la famille verse une rente prédéfinie au cours d'une série de coups de téléphone anonymes. Oui, j'en suis maintenant persuadé – et ô combien je m'en vois rassuré – je ne suis que la victime d'un modeste kidnapping perpétré par une association d'idiots congénitaux qui n'a pas idée de l'importance de ma présence en temps et en heure, ce soir, à la table de l'hôte de ces lieux.

Je m'apprête à chorégraphier une série de gestes issus du langage universel de l'Abbé de l'Épée qui feront comprendre à Consuelita Père la tragique erreur qu'il s'apprête à commettre et les brusques retombées unilatérales qui s'en suivront, mais visiblement nous sommes arrivés à destination.

Le padre déverrouille la petite porte métallique de ce qui pourrait ressembler à un bungalow s'il n'était pas totalement fait de béton armé. Autre détail qui ne permet pas la confusion, l'habitat s'enfonce dans une jungle qui le dissimule totalement et semble, de plus, se perdre en différents niveaux sous terre.

Au reste, il n'y a pas de lumière à l'intérieur.

— *¡ Dale boludo, entrá allí !*

— Eh ! Attendez ! Vous allez pas m'enfermer ici, non ? Y a même pas de lumière !

— *¡ La concha de la lora ! ¡ Te vas a callar, hijo de puta !*

L'homme alors s'apprête à rire, mais finalement me flanque un bon coup de crosse dans le maxillaire droit et je reprends le rêve que j'ai fait il y a trois jours où il était question d'un appareil qui filtrait les grumeaux de la pâte à crêpes et je ne suis pas mécontent de me retrouver là parce que, justement, je n'avais pas pris le temps de noter le mécanisme pourtant très judicieux de cette machine susceptible de m'obtenir un classement correct au concours Lépine de l'année prochaine.

À mon réveil, il n'y a tellement rien à voir autour de moi que je me rendors. Et puis, je refais surface parce que j'ai mal à une dent, qu'un peu de lumière a filtré de quelque part, que je commence à discerner deux ou trois détails qui pourraient m'intéresser.

Comme cet antédiluvien interrupteur là-bas, à côté de la porte.

La pièce est une sorte de bunker qui a dû servir de cave à un moment donné de son histoire. Ou de bunker. La constatation n'est guère trépidante je le conçois, mais en de tels moments de désespoir il faut songer aux scorpions qui, eux au moins, trouvent le courage de se donner la mort plutôt que de s'emmerder un demi-siècle durant à observer l'évolution de détails immuables en lieu clos.

Heureusement, comme dans une jolie histoire de Disney, voilà trois souris qui s'enfuient le long du mur en trottinant sans s'attendre. Et qu'apercevons-nous là-bas, pour égayer nos moments de doute ? Quelques tapettes désamorcées.

L'amusement dure un temps.

Jusqu'au déplaisir.

L'une des tapettes avait encore à son crochet un antique morceau de ce qui dût être du fromage. Je la réarme patiemment et, après qu'elle m'a claqué dans les doigts une demi-douzaine de fois, je finis par trouver le bon équilibre entre la rudesse du ressort et la faiblesse de la tige métallique.

Les souris ne survivant principalement que grâce à la trouille, il est compliqué de les attirer vers un piège aussi stupide qu'une tapette. En dehors de ça les souris sont stupides. Donc, en définitive, elles finissent toujours par se faire prendre, même avec un morceau de fromage fossilisé, même quand elles ont vu une congénère se faire enviander quatre minutes plus tôt. Je ne sais pas, sans doute la souris est-elle dotée d'un formidable sens de l'optimisme. Sans doute compte-t-elle que, cette fois-ci, la tapette ne fonctionnera pas. Alors elle tente sa chance, s'approche en rampant, des fois que l'ennemi surgirait par les airs, inspecte scrupuleusement tous les obstacles capables de dissimuler cent vingt autres pièges mortels, et, une fois qu'elle arrive à destination, c'est sans vergogne et rassurée qu'elle se jette sur le festin fatal.

Clac !

Pour peu que la bestiole soit d'un gabarit supérieur à celui recommandé pour l'utilisation optimum de l'appareil, notre spécimen danse alors la gigue de l'hémorragie interne, une sorte de jerk qui peut s'éterniser jusqu'à la transe.

Je me lasse à la huitième souris et je décide qu'il est temps de visiter cette cave qui cache certainement d'autres ouvertures que celles qui laissent entrer ici les rongeurs de petite taille.

On a tenté de masquer une porte, là-bas, à l'aide d'une rangée de casiers à bouteilles. Idiote tentative. D'abord, parce qu'il y a peu de bouteilles. Ensuite, parce que la plupart d'entre elles sont vides, donc on voit parfaitement au travers. C'est en ouvrant cette porte que je mets en doute l'existence réelle d'un consortium hispanique destiné à vivre du kidnapping. On n'enferme pas sérieusement la victime d'un rapt dans un tel endroit avec une porte qui donne sur un tunnel long de plusieurs mètres se modernisant au fur et à mesure de la progression de celui qui s'en échappe.

Ou alors on est d'une crétinerie hors gabarit et dans pareil cas, comme à chacune des extrémités d'un ensemble, on touche au sublime.

Là-bas, à nouveau une porte, métallique et cerclée de lumière. Je m'en approche avec l'ardent désir de n'être pas en retard à table.

Je mentais trop à Glenda, pour trop peu de choses et parce qu'il me fallait toujours des excuses pour tout. Il s'agirait tout de même d'éviter d'hasardeuses explications avec ma future épouse.

« Message n° 1 à destination de l'Écosse : troisième !

Mon cher ami, j'espère que vous pardonnerez les interruptions incessantes de ce message. J'en viens à ma personnalité.

Figurez-vous, Commandeur, qu'il y a de cela de nombreuses années, nous avons failli nous rencontrer. Oui. Par un malheureux hasard du reste, dont vous n'êtes pas directement responsable. Mon père était l'un des plus puissants exploitants de pétrole du Texas. Comme quelques rares élus du peuple américain, cet homme, qui n'avait rien d'émérite, avait acheté une petite concession au centre de laquelle il est tombé sur un gisement. Je vous passerai les détails, vous avez comme moi vu de nombreux films sur ces fortunes vite faites. Je suis né alors qu'il était déjà milliardaire. Il n'a eu que moi. Et il est mort. Je ne me destinais pas à lui succéder aussi rapidement. J'avais un esprit créatif et j'aimais inventer des machines, des moteurs, tout un fatras de choses dont je savais, qu'un jour ou l'autre, elles serviraient l'humanité. Laisser ma marque, cher ami, voilà ce que je voulais. Lorsque mon père est mort, je venais d'inventer un système de propulsion capable d'envoyer des engins au-delà de l'orbite terrestre. Je sais que je ne m'adresse pas à un homme de science mais à un pauvre ringard féru d'héraldique, j'abrégerai donc les détails. Toujours est-il que j'ai contacté la toute jeune NASA pour tenter de leur vendre mon projet. Malheureusement, on ne m'a pas pris au sérieux. Et pour cause, je n'avais que 25 ans. Néanmoins, l'un des ingénieurs qui m'avait accueilli me recontacta quelques temps plus tard. Il disait vouloir reconsidérer mon invention. Je la lui confiais, dans le moindre détail. Innocent que j'étais. Je n'avais ni déposé le brevet, ni songé à l'espionnage industriel. L'ingénieur en question agissait pour le compte de la firme britannique Rolls Royce. Il me vola mon propulseur et Rolls équipa avec cette invention le lanceur de la série Apollo.

Vous n'avez reçu que des lauriers tout au long de votre existence, Commandeur. Vous ne connaissez pas l'aigreur. Vous ne savez pas ce que ça fait d'être rongé de l'intérieur par une telle haine. De ce jour, je me suis mis à haïr les Anglais et j'ai décidé de leur faire la guerre.

Oh ! Loin de moi l'idée de livrer bataille à tout un empire, même s'il était désormais réduit à l'état de loques. Non, ce que je désirais, c'était m'en prendre à l'un de ses symboles. À l'époque, j'étais seul et je n'avais pour unique complice que ma tête et ma capacité à créer des machines. Il me fallait donc en penser une, démoniaque. Je me suis mis au travail. Pendant près de deux ans, j'ai partagé ma vie en deux. Le jour, j'étais le plus jeune mogul du pétrole mondial, la nuit je devenais le Dr Taburiax. J'ai créé le plus bel engin de guerre auquel aucun homme n'a jamais pensé. Sa seule présence dans les rues de Londres aurait suffit à mettre à terre la reine et toute sa cour stupide. Hélas ! Trois fois hélas ! L'un de mes collègues, dont j'ignorais jusque-là l'existence, avait eu une idée semblable et j'appris, le jour même où je m'apprêtais à embarquer pour mon projet le plus dévastateur, qu'un homme, un simple agent de la couronne d'Angleterre, venait de détruire à lui seul le projet diabolique de ce malade. C'était vous, mon cher ami. Et on vous fêtait, grandement, sur cette petite île de snobs besogneux.

Je ne vais pas m'attarder sur les échecs qui ont suivi celui-ci. Sachez juste que depuis quarante ans, je poursuis cette même mission de terreur totale dans le seul but de vous affronter, vous, l'ultime être sur terre à la hauteur de ma colère. Et depuis quarante ans, vous manquez tous mes rendez-vous. Je me suis longtemps demandé si je devais abandonner cette quête, qu'un temps, j'ai qualifiée d'inepte.

Mais, comme disent ces stupides Français, tout vient à point à qui sait attendre. La retraite, mon cher ami, a sonné. Je me retrouve certes avec un nombre assez terrifiant de machines inutiles qui rouillent aux quatre coins de mon domaine, mais j'ai fini par trouver le seul moyen de vous atteindre. Votre fils… »

10

Caroline et François sont morts

Depuis que je suis en âge d'en porter une, je ne me sépare jamais de mes montres. Je les prends toujours comme la première que ma grand-mère m'offrit : ronde avec un bon bracelet en cuir noir que je ceins au cran le plus serré. C'est sympa après le soleil, ça me fait une marque un peu plus blanche sur mon bras tendrement halé. Je dors avec. Bon, ça nécessite que je change de bracelet fréquemment. Parfois, l'odeur est telle que je suis obligé de m'en défaire une bonne demi-heure, le temps qu'elle sèche. Et alors ça me fait une petite irritation sur le poignet, ça pèle et j'aime bien ça aussi. Voilà, c'est ma manie des montres rondes avec un bracelet en cuir noir qui pue et que je ne quitte presque jamais. Bien entendu, comme pour tout ce qui me fait plaisir, Glenda a horreur de ça.

Ça me permet de constater qu'avec tout ça, il est 19 h 30, et qu'une de mes molaires me lance sérieusement.

Je ne sais pas à quelle heure les îliens du cru ont l'habitude de passer à table mais si j'arrive en retard ça va faire mauvais genre. Alors je pousse la porte en me disant qu'avec un peu de bol, derrière, on aura construit un escalier qui mènera à une nouvelle porte s'ouvrant, cette fois, sur la plage qui fut témoin de mes récents déchaînements et que, de là, je pourrai gagner discrètement la table familiale dont je subodore que, déjà, le père Taburiax pianote le bois d'un staccato excédé. Si telle est l'architecture de cette galerie, je promets, là, maintenant, tout de suite, de ne pas mentionner la mésaventure qui me retarda, ni de trahir l'homme qui m'enleva.

Las !

Le souhaiterai-je avec encore plus de foi que les choses ne seraient pas moins décevantes. Il n'en a jamais été autrement pour moi. J'ai toujours eu de la chance dans mon malheur, voilà tout ce à quoi j'ai jamais eu droit. De faibles petits détails qui s'illuminent un peu dans la mouscaille pour vous consoler des ironies du sort.

La porte s'ouvre sur une sorte d'atrium désert où règne un somptueux capharnaüm magnifiquement rehaussé de machines ultra-modernes, sans aucun doute destinées à accomplir des miracles dans divers domaines qui ne sont pas de ma compétence.

Des ordinateurs.

Plein d'ordinateurs. Avec tout plein d'écrans, de claviers, de souris, un fatras d'appareils luminescents, des tas d'écrans extra-plats encastrés dans les murs, des armoires de verre derrière lesquelles défilent des kilomètres de bandes magnétiques, même qu'on se demande ce qu'elles peuvent bien débiter, vu qu'il n'y a pas un rat assis sur la seule et unique chaise trônant devant la console centrale des commandes.

Tout ce foutoir pour une seule personne, je crois ne pas avoir vu ça depuis la retransmission sur Antenne 2, en 1987, du concert de Jean-Michel Jarre à Houston. Et pas un fil qui traîne. Sans blague, le technicien qui a travaillé sur cette installation s'est donné un mal de caniche pour tout goulotter, faire des saignées dans le béton, des regards aux points d'échange. De la belle ouvrage, c'est sûr.

Bon, là-bas une porte entrouverte.

Qu'est-ce que je fais ?

Je traîne un peu ou je file ?

En même temps, je suis déjà considérablement hors délais. Je vais au moins prendre le temps d'essayer ce confortable fauteuil de grand capitaine d'industrie. Voilà.

D'un autre côté, si je me fâche tout de suite avec… Bon sang ! Comment s'appelle-t-elle déjà ? J'ai une si mauvaise mémoire pour les incidents de parcours, c'est terrifiant… Angie ! Angie, mon amour, la future femme de ma future vie, ma future promise, ma future épouse, la future mère de mes futurs enfants, trois futurs fils, quatre futures filles ! Non, je n'aimerais pas me fâcher déjà avec mon futur. Certes, notre passé est court, mais j'entrevois si clairement les futurs bons moments que nous partagerons en riant à la vie.

Je vais juste appuyer, frôler, effleurer ce bouton et laisser le hasard agir et je jure sur la tête de Caroline, ma future deuxième fille, que, s'il ne se passe rien, je me dirigerai vers cette porte là-bas et que j'irai tranquillement dîner comme un futur bon père de famille.

Voilà.

C'est fait.

Il ne se passe rien.

Je jure donc sur la tête de François, mon premier fils (oui, contrairement à mes parents, et sûrement à cause d'eux, j'ai des goûts assez simples en matière de prénoms), celui dont on fera un ingénieur des mines s'il ne meurt pas avant dans un accident de la circulation, que si ce bouton-ci ne produit rien de mieux que le précédent, je prends cette porte et fuis le risque qui guette.

Voilà.

C'est fait.

Rien non plus.

Miranda, qui sera ma première fille, mourra dès sa naissance, je m'y engage, si cette ultime fois, après avoir actionné ce troisième bouton, je ne m'en vais pas ayant constaté que rien n'arrive là non plus.

Voilà.

C'est fait.

Encore…

« … *But as those stupid French used to say, everything comes to the end. The retreat, my dear friend, has rung. I still have all those useless machines rusting in my yard, but I've now discovered the only way to reach you. Your son…* »

Enfin bon sang, qu'ont donc tous ces gens dans le voisinage à ne parler qu'en anglais ? Ça veut dire quoi ce « Live Recording » qui clignote en haut à droite ? Et puis que fabrique le Dr Taburiax sur cet écran ? On dirait un animateur de télé-achat spécialisé dans le protocole funéraire. Tout engoncé dans son costume de lin blanc, il perle du front, il est mal rasé et du poil grisonnant s'échappe de ses oreilles. Et puis ce ton, tout miel, tout onctueux, on dirait qu'il raconte ses mémoires.

Si ça se trouve, je viens de tomber sur le journal de bord de mon beau-père ! Il faut que j'éteigne ça avant qu'on ne me découvre.

Évidemment, je ne sais pas quel bouton a déclenché la lecture de cet enregistrement ! Ça serait bien trop simple ! J'ai touché trois boutons, ce qui a considérablement amputé ma descendance.

Celui-là…

Qui ne fait toujours rien.

Celui-ci…

Qui gèle l'image de Taburiax et affiche une fenêtre sur laquelle est inscrit « transcoding », puis « transcoding completed correctly » !

Et celui-là…

Qui éteint l'image et la remplace par ce mot :

SEND TO xxx890034fgTT@vvv.eg ?

Et voilà ! Encore de l'anglais, mélangé à du cabalistique. Et merde, tiens !

Glenda appuie souvent sur la touche ENTER de son ordinateur et ça semble la satisfaire la plupart du temps. Je fais de même. Là, une barre creuse s'affiche qui se remplit brusquement de gris avant qu'un nouveau message n'apparaisse :

SENT !

Certes, je ne cause pas une broque de cette langue, mais je note néanmoins la substitution du D par un T et celle du point d'interrogation par un d'exclamation, ce qui doit être bon signe.

La porte.

Vite maintenant, avant que les quatre futurs enfants qui me restent ne s'égarent définitivement dans l'univers divagatoire des promesses impossibles à tenir.

— ¡ Attendez, Rodriguez ! ¿ Vous êtes en train de me dire que vous avez enfermé notre hôte derrière cette porte ?

— Oui. ¿ Ça vous pose un problème ?

— C'est à vous que ça va poser un problème si ce garçon ne se trouve plus là où vous l'avez enfermé.

— ¡ Il y est, Señor Taburiax ! ¡ Je veux bien m'avaler les gonades s'il n'y est pas !

— ¡ Grand Dieu, comme vous y allez ! Vous vous en tirerez mieux en oubliant la rançon que vous m'avez demandée en échange de ce jeune homme.

— ¿ Comment ?

— ¡ Allez, brave crétin ! ¡ Ouvrez-moi cette cage !

— Je déteste quand tu parles comme ça au petit personnel, Papa ! Tu es parfaitement odieux.

— Angie, si tu allais nous préparer une petite tarte aux fruits ou quelque chose de savoureux pour le dessert, faire un truc d'un peu féminin dans ta journée, tu ne veux pas ?

— Je reste avec vous.

— ¡ Señor Taburiax ! ¡ C'est pas possible ! ¡ Il s'est échappé !

— *¡ Que pouvait-il faire d'autre avec cette porte là-bas au fond !*

— *¡ Mais je l'avais masquée exprès !*

— *C'est quoi cet endroit, Papa ?*

— *L'envers du décor, ma chérie.*

— *Tu veux dire que tu as fait creuser toutes ces galeries dans le récif corallien ? C'est ça ?*

— *C'est tout à fait ça, ma douce.*

— *Tu bousilles mes palmiers, tu perces mon île, tu installes toutes ces foutues caméras partout, tu voudrais que je me fasse sodomiser par un Français. Enfin, qu'est-ce que tu espères exactement de la race humaine, Papa ?*

— …

— *Aaaaaaaaaah ! Mais qu'est-ce qui t'a pris de tirer sur Rodriguez ! Papa ! C'était ton plus fidèle serviteur !*

— *Oh ! Mon Dieu, nooon ! Mon message ! Il a envoyé mon message secret ! Je n'avais même pas eu le temps de le monter…*

— *Et alors ? T'allais bien l'envoyer à un moment ou à un autre, non ?*

— *Cet imbécile a fait ça sans même s'en rendre compte et sur le canal non sécurisé !*

— *Calme-toi, Papa ! Je t'en supplie ! On va trouver une solution.*

— *Qu'est-ce que t'en as à foutre toi, hein ? Tu t'en balances de mes ambitions !*

— *Arrête de pleurer, bon sang !*

— *Mais c'est toute ma vie, ça ! C'est toute ma vie qu'est foutue parce qu'un putain de jardinier a voulu me doubler !*

— Il ne sent plus rien, Papa !

— Je m'en fous ! Ça me fait du bien !

— Allez viens, on remonte. Jean doit nous attendre à table.

— Je ne pourrai pas !

— Mais si, tu pourras.

— Mon plan est mort !

— Mais non ! Au contraire. Ça va peut-être même accélérer les choses.

11
Autoportrait en pleutre héroïque

On peut douter d'un certain nombre de choses (l'existence de Dieu, le troisième avion dans le Pentagone, la présence d'une vie extra-terrestre, les hommes sur la Lune, la mémoire de l'eau, la cartomancie, la sapidité des cailloux, etc.) mais on ne peut pas douter du fait que je suis un couard. Mais attention ! Quand je vous parle d'un couard, je veux parler d'un couard de compétition, armé d'une solide caponnade, de niveau international, avec entraîneur et sponsor. Pas un machin à baltringues pour faire joli le dimanche sur les beaux habits. Non. Moi, je vous parle d'un vrai truc.

Je suis un couard et c'est précisément par couardise que je ne me dirige pas vers la maison du Dr Taburiax afin de partager ce fameux dîner dont je n'ai que trop parlé. Ça m'arrangerait beaucoup de croire que tous ces évènements rassemblés sur un si court laps de temps – ajoutés au décalage horaire, au coup de crosse sur le coin de la fiole, plus les troubles psychotiques dus à la manipulation intellectuelle dont j'ai été victime et qui me poussent à croire depuis douze heures qu'en plus du reste je suis amnésique – m'ont sincèrement épuisés. Prétextant ainsi ne pas vouloir être de mauvaise compagnie pour mes hôtes, je me retirerais dans mes appartements afin d'y récupérer un peu de la vitalité mentale et physique qui fait habituellement ma réputation.

Mais non !

Que dalle !

Nibe !

Rien !

Fifrelin !

Je suis un gros couard qui vient, tout d'un coup, sur le chemin du retour – tiens ! qu'est-ce qu'elle fait là cette fusée toute pourrie sur sa rampe de lancement squattée par les lianes ? – de se rendre compte que ce n'était peut-être pas une très bonne idée d'aller se jeter dans la piscine aux requins.

Parce que, même si je suis amnésique, je suis désolé, mais j'ai un peu de mal à ne plus me souvenir des événements qui se sont succédés depuis que Glenda a oublié son sac à main dans l'avion à Copenhague. C'est étrange mais, à bien y réfléchir, là, maintenant que je suis bien posé au centre de mon *waterbed* qui chaloupe dans tous les sens alors que j'essaye de me concentrer sur mes impressions vagues, je trouve quand même que le gros de l'affaire est un rien bizarre. Il y a ce petit bonhomme microscopique qui depuis le début fait des allers-retours de mon oreille gauche à mon oreille droite sur son petit vélo en murmurant :

— Fais gaffe, Hector, une belle brune t'est jamais tombée toute cuite dans l'assiette, comme ça, avec un voyage aux Bahamas à la clé.

Et le voilà qui repasse en rajoutant d'un mystérieux murmure : « T'as fait une grosse connerie dans la grotte ! Une très grosse connerie ! »

Bon. Et après ? Est-ce qu'au moins Taburiax a un room service ici ? Je regarde dans le mini bar, j'avale un paquet de noix de cajou, je bois un Coca et j'ai neuf fois plus faim et soif qu'il y a quatre minutes. Et non, je n'irai pas aux cuisines faucher un croûton de pain, parce que je ne sais pas ce qui se trame là-bas et que je ne veux pas le savoir.

Mon programme pour les heures à venir est vertueux à souhait : un bon steak et une crème glacée, dodo dans le lit à eau et, à la première heure, je prends une barque sur la plage et je file d'ici.

— Allô, room service ?

— *Yes !*

— Vous parlez français !

— *Yes !*

— Vous êtes sûr ?

— *Yes !*

— Vous pouvez me faire un steak ?

— *Yes !*

— Maintenant ? Et me l'apporter dans mon bungalow ?

— *Yes !*

— Avec une bouteille de Château Margaux ?

— *Yes !*

— Et une crème glacée chocolat-vanille supplément noix de pékan ?

— *Yes !*

— Vous me prenez pour un con ?

— Je ne permettrais pas, M. Bond.

— C'était juste pour vérifier. Dans combien de temps ?

— *Yes !*

Ces gens sont dingues ! Ce n'est pas dans mes habitudes de m'angoisser, mais du coup je deviens nerveux et voilà, je m'énerve à chercher la télécommande partout et je jure, je jure, je jure et je m'arrête brutalement de jurer parce qu'Angie est là, devant moi, le museau tout renfrogné, tout plein de reproches qui lui picotent les yeux, et ça me coupe la chique de la voir comme ça. Je ne sais pas pourquoi mais il y a quelque chose dans le coin de sa bouche – un truc qui se trouve à l'endroit où normalement tout le monde a des zygomatiques – qui est en train de bondir autour d'une corde à sauter. Et ça ne me dit rien qui vaille.

Mais alors rien qui vaille du tout !

— Qu'est-ce que t'as trafiqué, Djine, dans le bureau de Papa ?

— J'ai …

Là, je prends une gifle. Si, comme au judo, il y a des ceintures de couleurs différentes pour l'art de la calotte, Angie ne devrait pas tarder à obtenir la noire. Je n'ai même pas eu le temps de penser qu'avec de si douces mains cette femme pouvait faire de tels ravages. J'ai entr'aperçu ses seins tressauter un peu sous son chemisier et vlan ! en plein là où il y eut une crosse, tout à l'heure.

Qu'est-ce qui se passe ici ? C'est une île de gauchers ou bien ?

— Aaaaangie ! Mais qu'est-ce qui te prend ?

— Tu fermes ta gueule et tu t'assois sur ce lit !

Angie ! Angie, mon amour, la femme de ma vie, ma promise, mon épouse, la mère de mes enfants, regarde ce que tu es devenue ! On dirait la grosse chienne méchante des films d'espionnage. Elle se tient là, face à moi comme si elle avait grossi de vingt kilos en biscotos alors que moi, vingt mètres plus bas, dodelinant sur les vagues du matelas, je me remets la mâchoire en place et je me sens monter aux yeux des larmes de collégien.

— Je répète et tu réponds, sinon, c'est le même traitement : qu'est-ce que tu as trafiqué dans le bureau de Papa ?

Qu'est-ce que vous voulez répondre à ça ? J'ai pas la paire de testicules qu'il faut pour prendre un air offusqué et dire : « Euh ! Mais rien du tout ! Je sais même pas de quoi tu parles, d'abord ! ». Et puis Angie doit être fatiguée, elle aussi, par le voyage, tout ça… Il a fallu qu'elle fasse nettoyer mon vomi et puis son père a dû l'engueuler parce que j'avais tripoté des trucs sur son ordinateur. Ça ne doit pas être très facile pour elle. Allez, je lui pardonne. Elle n'a pas mesuré sa force. Je vais lui dire la moitié de la vérité, celle qui exclue le chapitre Consuelita, et puis elle va me demander pardon, ça va pas traîner.

— Écoute, je savais pas que c'était le bureau de qui que ce soit. Je me suis perdu dans le noir et j'ai voulu allumer la lumière et voilà.

— Et voilà quoi ?

— J'ai appuyé sur un bouton et… ben c'était apparemment pas la lumière.

— C'était quoi ?

— J'en sais rien.

Et une danse ! Distribution tout à fait chrétienne, sur l'autre joue. Je la ramasse presque avec délectation, espérant qu'à défaut d'être agréable, elle me remboîtera convenablement le maxillaire. Mais à voir les deux ampoules de mille watts qui clignotent dans les yeux d'Angie, je me dis qu'elle est peut-être aussi au courant pour Consuelita. À femme trompée, on recompte ses dents.

— Oooh ! Mon Angie, je suis tellement désolé. Bon sang mais qu'est-ce qui m'a pris de te faire ça ? Je ne sais pas pourquoi… J'étais égaré, épuisé de fatigue après ce si long voyage… Je me suis retrouvé seul dans cette chambre avec cette femme et tout d'un coup je n'ai plus su… une nouvelle, mais brève, amnésie m'a frappé et… Pourras-tu me pardonner ?

— Je te pardonne !

— C'est vrai ?

— Ta gueule. Le message. Tu l'as envoyé comment et pourquoi ?

— J'ai pas envoyé de message.

Angie porte une bague en or gris, assez épaisse, ornée d'un caillou de couleur verte qui m'ouvre la pommette en deux.

— Qui es-tu ?

— Hein ?

— Tu es forcement quelqu'un qui n'avait pas prévu d'être là. Alors qui es-tu ?

— Enfin, Angie, tu sais très bien qui je suis…

Angie produit à cet instant une arme sans doute très lourde mais dont les proportions et la masse volumique ont été réduites à une taille raisonnable pouvant être dissimulée dans un sac à main. Rapidement le canon de l'engin se retrouve plongé dans ma narine droite et, le cran de sûreté retiré, plus rien ne l'empêche de me forer de manière définitive une troisième fosse nasale.

— Pour nous tu es Djine Bond, oui, ça, je le sais ! Mais dans ta vie, dans ta pauvre petite vie minable, j'ai pas l'impression qu'on t'appelle de la même manière. Alors ?

Et à ça, je suis censé répondre quoi ? Ai-je vraiment la tête d'un innocent aux mains pleines ? Angie est-elle ce genre de femme qui aime réduire l'homme à l'expression attendrissante d'un sourcil canin ? Comment vais-je me tirer de cette situation ? Quelles sont mes chances de réchapper à l'apparition inopportune de ce pistolet tout en chrome ? Quel est mon seuil de tolérance émotionnel avant que ne se produise l'évanouissement ?

— Ramirez ?

— Oui ?

— C'est moi !

— Oh ! Angie mon amour, tu m'as tellement manqué.

— Moi aussi tu m'as manqué !

— Où es-tu ?

— Sur l'île… J'ai besoin d'un service.

— Quel genre ?

— Toi.

— Je ne peux pas venir sur Lamb Island, Angie, tu le sais très bien.

— Écoute, mon père ne te fera rien quand il saura pourquoi tu es là.

— Non. Je refuse d'affronter ce type encore une fois. Et puis, on a du boulot ici. Les Américains nous foutent une telle merde qu'on est sur tous les fronts en même temps.

— Il me faut une cinquantaine d'hommes en armes, rien de plus.

— Rien de plus ! T'es tarée, j'en ai à peine douze pour tenir un maquis grand comme Cuba.

— *Un million à la clé.*
— *Un million de quoi ?*
— *Dollars caraïbes.*
— *Dollars tout court et j'arrive dans deux jours.*
— *Demain, Ramirez ! Dans deux jours j'aurai mes trucs.*
— *Merde, Angie !*
— *Demain et un million de dollars cash !*
— *Bon, d'accord !*

12

Il n'est pas de pire ennemi qu'une femme qui doute

Je possède la rare qualité d'être un grand et bon dormeur. Et je ne m'entraîne pas pour cela. Ça me vient naturellement et, quelle que soit l'étendue des épreuves traversées ou la qualité vasodilatatrice et cardiotonique des substances absorbées en cours de journée, je peux m'endormir l'esprit apaisé, là, sitôt allongé sur ma couche, la tête tendrement posée au creux d'un oreiller préalablement replié sur lui-même une fois. Mes yeux se ferment et bientôt les songes débarquent d'une péniche à fond plat qui attendait paisiblement sur la mer calme qui s'étire et se retire en marées égales entre les deux hémisphères de mon cerveau.

Ce sens puissant du repos a toujours irrité Glenda qui ne supportait pas que je m'endorme avant elle. Mais Glenda est loin, et j'ai bien d'autres soucis avec ma nouvelle maîtresse qui se montre indomptable et d'une insoutenable violence conjugale. Donc je m'endors comme le nourrisson d'un mois à peine retiré du sein et je plonge, m'immerge et baste !

Solide repos du guerrier dont je fais grandement bien de profiter puisque me voilà brusquement hissé hors des limbes par un terrible coup au visage. Une baffe, la troisième, du même expéditeur. Un coup d'œil à droite me permet de constater que je ne me suis assoupi qu'un petit quart d'heure, un à gauche, qu'Angie pensait m'avoir précédemment assommé mais qu'elle vient enfin de comprendre la supercherie.

Bon sang, cette journée ne finira-t-elle donc jamais ?

— Djine ! C'est pas la peine de faire semblant, je sais très bien que tu ne dors pas !

— Je ne dors plus !

Je vais cesser de faire le malin avec cette nana qui me fend le visage à chaque fois que j'ouvre le bec parce que je commence à charlesmansoniser lentement et une réaction sanguine de ma part n'arrangera certainement pas les choses. Je songe promptement à apaiser l'espace chaotique qui s'est ouvert entre Angie et moi quand un quatrième uppercut me cueille au sommet de ma décision.

— Je ne vais pas te frapper comme ça toute le nuit, Djine, j'ai mal à la main !

— Alors pourquoi continues-tu de la sorte ?

— Qui es-tu ?

— Bon sang, Angie, qui veux-tu que je sois ?

Effectivement, elle doit s'être retournée quelque chose, le soufflet suivant tient davantage de la caresse. À moins que le décalage horaire n'agisse enfin sur son étonnant métabolisme.

— Mais merde à la fin ! Je suis Jean… Bond, voilà, Jean Bond, comme c'est marqué sur mon passeport. Tu le sais aussi bien que moi, t'as pas besoin de me tabasser pour savoir ça ! Je t'avertis, je ne supporte pas les coups… Aïeu !

— Qui es-tu ? Ton passeport est bidon, ça aussi je le sais aussi bien que toi. Qui es-tu ?

Là, je dois reconnaître que dans la salade landaise qu'est devenue cette histoire, Angie marque un point. Indubitablement, elle a raison. S'il y a une chose sur laquelle nous sommes d'accord tous les deux, c'est bien sur la grossièreté de mon identité provisoire. Ceci étant, je n'ai pas moi-même pondu le passeport bidon en question. On me l'a donné. Je voudrais bien le rappeler. Mais, bon, on verra ça pour le plan B. Pour l'instant, je temporise avec un bon bout de vérité.

— Je m'appelle Hector Malbarr. Je suis français. J'ai 32 ans. On s'est rencontré à l'aéroport de Copenhague où j'étais en transit avec ma fiancée… Aïeu ! Putain, faudrait savoir ce que tu veux espèce de sale vicieuse à la con ! Si tu me refrappes encore une fois, juste une fois, t'entends bien ? je t'enfonce mon poing dans la gueule tellement profond que tu vas chier des doigts…

Elle me gifle plus puissamment encore. Sans doute pour m'assommer afin que je ne mette pas ma monstrueuse menace à exécution.

À la différence de ce que voudrait l'adage populaire, cette femme est affreusement laide lorsqu'elle est en colère. Sa bouche s'est affaissée de telle manière que le reste de son visage glisse sous son menton, ses oreilles flambent d'un rouge menstruel, ses yeux accusent un strabisme divergeant dont on peut tout dire sauf qu'il est coquet, et ses cheveux, détrempés par une sueur atrocement odorante, dégoulinent le long de ses joues tels les fanes humides d'un balais espagnol. Et comme si ça ne suffisait pas, la voici qui, au comble de sa dégénérescence physique et mentale, ressort de nulle part l'énorme pistolet dont elle se servit sans succès avant ma sieste.

— Je vais te crever si tu parles pas, sale petite lope et c'est pas tes menaces à la con qui vont y changer grand-chose. Alors je te pose la question une dernière fois parce qu'il est tard et que je suis trop nase pour approfondir : qui es tu ?

Le canon me rentre cette fois dans l'oreille. J'entends le crissement du mécanisme qui se met en branle avant d'aller se coincer sur ses crans et là, je me dis qu'il va falloir que j'aille le chercher très loin le plan B parce que l'Angie que j'ai connu à Copenhague a vécu.

— OK ! On arrête, on arrête. Voilà… je m'appelle Raymond Banister, je suis détective privé. J'ai été engagé par un type pour enquêter sur le Dr Taburiax. Je ne sais rien de lui. Il m'a fait venir dans une chambre d'hôtel, y avait des spots vachement forts derrière lui, je voyais pas son visage, il m'a filé quatre mille dollars et il m'a dit que je devais me faire passer pour Hector Malbarr et que d'une manière ou d'une autre, je devais me trouver à Copenhague, à sa place, le 1er juin, au VIP lounge de la SAS et que, là, quelqu'un que je ne connaissais pas m'accosterait et que quelle que soit le proposition qui me serait faite par cette personne, je devais l'accepter et infiltrer ainsi l'équipe du Dr Taburiax. Une fois dans la place, je devais faire capoter, selon ma propre méthode, le complot qu'il ourdit en secret. Je ne dois reprendre contact avec ce type qu'une fois de retour sur le territoire français. D'ici là, rien ne peut se passer.

Un professeur d'histoire me rendant un jour un devoir pour lequel, n'ayant rien appris, j'avais littéralement brodé une pitoyable rédaction, me fit le commentaire suivant : « Vous pouvez mentir autant que vous voulez, jeune homme, mais au moins faites ça avec aplomb ! » Pourvu qu'Angie ne lise jamais de roman d'espionnage, n'aie pas vu *L'Affaire Thomas Crown,* ne regarde jamais la télévision, n'aie pas l'once d'une molécule d'imagination, et soit suffisamment perturbée par ce ramassis d'inepties pour me lâcher, ne serait-ce que de quelques centimètres.

Elle fait bien mieux que ça.

Elle bondit hors du lit comme si je venais de prendre feu et pique sur place une crise de nerf bavarde dans laquelle j'arrive à comprendre en substance que son père va la « tuer » quand il va savoir à quel point elle est « conne », à quel point elle s'est faite « baiser » et combien elle a « foutu la merde » dans ce plan.

Et moi, je suis censé faire quoi, dans ma panoplie de Raymond Banister pondue sur place !

Alors, j'ouvre ma main gauche, celle dont je me sers le plus souvent, je tends mon bras le plus en arrière possible malgré ma souplesse de Limoges, je bande le peu de muscles que je possède entre le majeur et l'omoplate et, à la vitesse de l'éclair, je lui catapulte une mandale à lui nouer les seins.

Angie valse à travers la chambre, mange un mur, rebondit, avale le coin d'une fenêtre à vasistas qui lui fend la lèvre au passage et, trébuchant sur ma valise négligemment oubliée là par la dilettante Consuelita, va s'enviander sur le bord du lit, juste à l'endroit où le matelas à eau est absent. Je prends un puissant shoot de testostérone. Je fais trois pas vers elle, je l'attrape par les cheveux avec l'intention de faire trois fois le tour de la pièce en la tractant derrière moi comme un Néandertal, mais la porte s'ouvre à la volée sur un type à cheveux longs et sales, qui porte à la ceinture vingt-quatre fusils d'assaut, une quarantaine de grenades à fragmentation, une demie tonne de pains de plastic, trois ogives nucléaires et un char Leclerc.

La scène se gèle.

L'espoir de massacrer Angie en toute tranquillité me quitte rapidement. Avant de sombrer, l'ex-femme de ma vie sourit au lascar et prononce tendrement son nom :

— Ramirez, mon amour…

— Valentin ! Valentin, bordel de merde !

— Voilà, Maître, voilà ! Qu'est-ce qui se passe, Maître ?

— Enfin, vous n'entendez pas que l'alarme générale brame depuis quatre minutes !

— Si, Maître. Des hommes sont sur l'île, je sais Maître !

— Des hommes ? Quels hommes ? Et ma garde ! Que fait ma garde ?

— Ce sont des amis, Maître !

— Quels amis ? Je n'ai aucun ami ! Au secours ! Au secours ! On me vole ! On m'envahit ! Rhâââââ ! Valentin, allez me chercher de l'eau, j'étouffe ! Rhâââââ…

— Ce sont les hommes de M. Ramirez, Maître !

— Ramirez ! Que fout ce fils de salope sur mon île ? C'est vous qui l'avez laissé rentrer ? Assassin ! Assassino ! Salopard, je vais te faire bouffer ta redingote, viens ici ! Aaaaaaaah !

— Señor Taburiax ? !

— Qui vous êtes vous ?

— Juan Quito, premier lieutenant de Ramirez Conrad, pour vous servir jusqu'à la mort !

— Jusqu'à la mort ? !

— Si Señor ! Jusqu'à la muerte !

— Alors faites quelque chose pour moi, tout de suite !

— Si Señor ! Ce que vous voulez, Señor !

— Apportez-moi les couilles de Ramirez Conrad que je les agrafe à la tête de mon lit… Aïe…

— Señor Quito ! Pourquoi avez-vous fait ça ? Cet homme est docteur !

— Il est aussi extrêmement mal élevé. Montrez-moi sa chambre !

— Par ici, Señor Quito !

Ma mère n'est pas seulement russe. Elle a l'âme russe. Non pas que les Russes soient de sombres sentimentaux verbeux qui vibrent au premier regard un peu clair et bien posé. Mais ils aiment, ô combien passionnément, et dans de brusques moments de fougue, sans que rien ne puisse les en empêcher.

Ainsi vont les Russes.

Ainsi Anya tombe éperdument amoureuse de son collègue anglais.

Leur liaison est forte et passionnelle mais l'Homme du MI-6 est un homme du MI-6. Pas de femme dans les rayons de sa cylindrée. Rien qui puisse l'empêcher d'avancer et de fuir au moment opportun.

Une fois la mission achevée et une semaine de vacances plus tard à faire l'amour cinq fois par jour quelque part entre deux océans, il réintègre sa perfide île de besogneux et ne veut plus entendre parler de ma mère.

Or, Anya Amasova découvre trois mois plus tard – comme si la pauvre femme n'avait pas assez pleuré – qu'elle est enceinte. Folle de douleur, elle va alors tout faire pour reprendre contact avec l'agent britannique, bien décidée qu'elle est à le confronter à sa paternité.

Le Russe est au moins aussi tenace qu'il a le cœur tendre.

L'entrisme fonctionnant à merveille, les ex-amants se retrouvent un après-midi de la fin septembre 1970 dans un hôtel de Kungsholmen, les quartiers ouest de Stockholm. Ma mère est enceinte de sept mois, elle est désemparée et espère toujours que l'Homme du MI-6 lui apportera un peu de bonté.

Au bout d'un quart d'heure, il n'est déjà plus question de bonté : on négocie une pension alimentaire confortable dont une partie permettra à la famille d'Anya Amasova de quitter la Russie pour la Suède. L'Homme du MI-6 détient les cartes d'un jeu qui va faire passer ma mère à l'Ouest.

Elle accepte le contrat parce qu'il ne lui est pas permis d'espérer mieux.

Le 29 novembre 1970 à Stockholm, ma mère donne naissance à un garçon de 3,3 kilos. Elle l'appelle Jean. Et pour l'état civil, elle donne le nom du père de l'enfant sans se soucier de savoir si celui-ci le reconnaîtra un jour ou non : Bond.

Troisième partie :

Landing

13
Cette histoire commence à me gonfler

Je ne voudrais pas avoir l'air pénible, ni égotiste, ni trouble-fête, ni peine-à-jouir, mais je rappelle tout de même que depuis avant-hier midi, j'ai :

– sauté six fuseaux horaires,

– mangé un plateau-repas tiède que j'ai vomi deux fois,

– dormi six heures trente,

– tenté de me reproduire avec une femme de ménage dont le père m'aurait vendu au plus offrant,

– giflé ma future épouse qui avait dans l'intention de me faire parler – de quoi ? je n'en sais goutte.

Tout ça – et malgré le fait que je sois un garçon d'une parfaite contenance, d'un tempérament gai et plutôt optimiste, d'une égalité d'humeur qui fait de moi un être stable à la compagnie très recherchée – fait que je prends terriblement mal l'intrusion plus que déplacée du fameux Ramirez.

Ce proto-révolutionnaire à cheveux filasses qui a découpé son masque velu dans la pire des caricatures consuméristes du Che s'est mis en tête, sitôt la porte de mon bungalow réduite à l'état de cure-dents, d'en faire de même avec ma pauvre personne éreintée. Sonnée par ma magistrale retournée, Angie n'a pas eu le temps d'intervenir dans notre rencontre.

L'individu a poussé un cri prémonitoire de sanglier chauffé à blanc et, sans prêter davantage attention à la surcharge de matériel qu'il transportait sur son dos, il a foncé sur moi dans l'intention claire de me nuire. Heureux hasard, le plus long de ses canons s'est stupidement pris de part et d'autre du chambranle de la porte à travers lequel il voulait passer. Ainsi percuté en plein effort, Ramirez a perdu l'équilibre, lamentablement décollé ses deux pieds du sol, avant de s'effondrer de toute sa masse sur ses deux seules fesses.

Il est donc là, devant moi, minable, à terre, tentant de se ramasser sur lui-même pour se redresser et poursuivre sa mission destructive.

Alors j'agis.

Je ne sais pas à quoi rime tout ça, je pense en toute sincérité que ces gens se sont trompés de bonhomme et qu'il ne nous manque que le temps pour nous expliquer sur cette énorme bévue. Croyez bien qu'à Copenhague, si j'avais su, tout subjuguants que puissent être les confortables atours d'Angie Taburiax, démarche féline et seins métaphoriques inclus, je l'aurais toisée cinq secondes et sans la quitter des yeux, j'aurais dis clairement :

— T'es belle comme le jour qui t'a vu naître, sale petite bestiole, mais tu t'es gourée de type ! Dégage avant que je te colle un bon ramponneau dans ta fiole et que je te fracasse toutes les molaires jusqu'à en faire du sable que tu mettras vingt-quatre jours à évacuer !

Et pour lui enfoncer le morceau dans la gorge, j'aurais pris tous les usagers du VIP Lounge SAS à témoin et on aurait tous bien ricané de sa déconvenue et elle serait rentrée dans son île pourrie, pleurer dans les jupes de son demeuré de père et moi je serais parti me marier avec l'autre grosse blondasse mais au moins, je me serais bien ennuyé toute ma vie et ça aurait été beaucoup plus limpide que maintenant.

Alors, le Ramirez avec sa tête de Latino de carte postale et sa panoplie de ninja en papier crépon, moi je ne fais pas de détail – aucun problème de conscience si c'est un coup bas – je prends mon élan et je lui shoote trois fois dans l'entrejambe pour être bien certain qu'il ne va pas se relever tout de suite avec tout son attirail du type qui ne sait même pas se battre avec les mains. Gonzesse !

Et je déguerpis dans la nuit noire avec la ferme intention de :

– trouver les cuisines pour me faire huit sandwiches,

– trouver un coca frais,

– trouver des toilettes,

– trouver le Dr Taburiax pour lui dire ce que je pense de tout ça,

– trouver un lit sans eau dedans et dormir.

Mais dans la nuit noire je butte contre un groupe d'individus eux aussi surarmés et bien vite je retourne à la case départ. Là, c'est certain, il va me falloir tout un vocabulaire protocolaire plein de circonvolutions pour faire comprendre à ces gens qu'il y a des moments dans la vie où on traverse une période de grand agacement et qu'en de tels instants, tout ce que l'on a accumulé comme rage et frustration ressort, bondit et frappe aveuglement le plus innocent des agneaux, celui qui a simplement commis l'énorme erreur d'être sur votre chemin. Je crains le pire, je suis fatigué, et quand je suis fatigué je m'irrite, ne veux faire aucune concession et je deviens boudeur et vous pouvez toujours insister, plus rien ne sort. Glenda a toujours détesté ça.

Dans le bungalow n°26, on se redresse en se massant les parties de l'anatomie qui sont les plus endolories. Je constate avec un effroi non feint que mes coups ont considérablement marqué le visage d'Angie. On dirait qu'un pigeon a pondu sous son arcade sourcilière droite, sous sa lèvre inférieure et à l'intérieur de sa bouche. Je ne parle même pas de Ramirez : blessé au plus profond de sa fierté hispanique, il tente de donner le change en glissant l'une après l'autre ses mains dans les poches de son treillis.

Voilà pour l'ennemi.

En ce qui me concerne, très rapidement, trop rapidement, ma nouvelle condition, là, encadré par cette garde, devient un lot de consolation appréciable pour le petit couple en souffrance. Après les grimaces et les gémissements, je vois maintenant briller dans leurs yeux des envies de pals transylvaniens sans vaseline et de supplices indochinois. L'espoir de m'enfuir d'ici pour sauver ma peau reste un espoir et l'espoir fait vivre. Combien de temps ? Tout dépend de l'épaisseur de l'espoir.

Heureusement, le pire arrive toujours au plus mauvais moment.

Le Dr Taburiax fait son entrée dans le bungalow n°26 et je sais à sa mine de poignée de frigo qu'il va me sortir d'ici. D'une manière ou d'une autre. Pas forcément la plus tendre. D'ailleurs à voir l'énergie qu'il déploie pour que ses yeux ne lui surgissent pas de la tête quand il me regarde, on a un assez bel aperçu du programme de la nuit. Subitement, le marigot dans lequel je me suis collé en acceptant cette invitation devient aussi palpable que le résidu bourbeux d'une fosse septique.

Comment nager suffisamment vite pour échapper à ça ?

Je tremble. Ça commence par les genoux et ça me remonte, os par os, jusqu'aux cervicales. Le même type de vibration qui, sur une bonne scie musicale, peut produire un son mélodieux. L'idée me vient de là. Je laisse aller le tressaillement jusqu'à ce que mon corps entre en résonance et que les indéniables symptômes de l'épilepsie soient suffisamment visibles pour que l'on s'en aperçoive. Comme je ne suis pas trop mauvais comédien quand ma vie ne tient plus qu'à un lamentable bout de fil dentaire rongé, Angie se rend rapidement compte que quelque chose cloche.

Je précipite le mouvement : la chute au sol, la bave qui sort de la bouche, les yeux révulsés et tout le saint-frusquin. Dans la seconde, on me transporte dehors et on me pose délicatement sur le sol. Ce qui est d'une stupidité inespérée si l'on tient compte du fait qu'il y a bien plus d'air frais dans le bungalow climatisé. Mais c'est un réflexe humain que d'aller faire prendre l'air à un individu qui se sent mal.

Bon, on est dehors. C'est très bien. On m'entoure d'un peu trop près pour que j'agisse immédiatement, donc j'enclenche le plan B (à moins qu'il ne s'agisse du C ou du D, depuis les dernières vingt-quatre heures, je me demande si je n'ai pas déjà épuisé tout l'alphabet) : la langue. Soubresauts, râles déglutissants, cris étouffés font accourir aussitôt le Dr Taburiax. Il écarte à grands bruits la foule compacte des curieux et s'effondre à mes côtés comme un gentil prétendant au brevet de secourisme. Et le voici qui me pince les joues pour que j'ouvre la bouche en grand et qu'il m'enfonce trois doigts dans la bouche comme je l'avais tant souhaité.

Dans la même journée, j'aurais emplafonné la fille, châtré le gendre et édoigté le père d'une famille qu'avant hier je ne connaissais même pas. C'est un bon score. Mes mâchoires se sont refermées comme un piège à loup et, sans doute la faim, j'ai réussi à sectionner l'index de Taburiax.

Maintenant je cours, je crache des bouts d'os, des giclées de sang, on me talonne, quelques balles dégomment de pauvres palmes qui dorment au-dessus de ma fuite et, loin maintenant, j'entends hurler le Docteur, beugler sa fille et bramer son gendre. La nuit se referme sur moi avec le talent inerte d'un rideau de théâtre et je perds mes assaillants au détour d'un rocher à quelques pas de la plage. Là, je fais brièvement mes comptes et arrive à cette dérisoire conclusion : je suis désormais en danger de pulvérisation.

Plus personne sur cette île, à l'exception peut-être des crabes, ne peut me pardonner.

Même pas les souris.

Plus personne et ce, quel qu'ait été le petit poids que j'aie pu hypothétiquement peser en arrivant ici par erreur.

Plus personne sauf la silhouette chaloupante qui glisse vers moi en faisant :

— Psssssiiiiit ! Señor Bond !

Et même si cette fille de salopard m'a déjà trahi, je n'ai pas d'autre alternative actuellement que de suivre son petit derrière enveloppé dans un paréo qui me guide sur la plage jusqu'à une barque armée de deux puissantes rames de galériens. Je ne sais pas ce qui me pousse à me confier corps et âme à cette nouvelle facette nautique de Consuelita, mais je ne me fais pas prier pour mettre un pied puis l'autre dans l'esquif.

Avec une force étonnante pour un si petit gabarit – quoiqu'il m'ait déjà été donné de juger de sa vigueur – Consuelita nous pousse à l'eau et me rejoint sur l'embarcation où elle se saisit des rames sans faire le moindre commentaire. Sans un mot non plus, elle nous éloigne rapidement du rivage et je comprends que son silence est sans doute nécessaire à notre évasion. Je ne saisis pas bien, au demeurant, ce qui pousse la demoiselle à me sauver la mise, mais une chose est certaine, je lui en serai redevable. Ça ne m'est arrivé qu'avec Glenda, mais je n'ai jamais aimé devoir quelque chose à une femme.

Lorsqu'elle a jeté son dévolu sur moi comme on voit faire les pêcheurs sri-lankais avec leurs filets misérables balancés d'un geste élégant au-dessus des flots, Glenda m'a tout offert d'un coup : un amour dégoulinant, un appartement bien loin de mes prétentions, une situation sociale et beaucoup d'argent. Ce phagocytage n'a pas pris plus de six mois. À la suite de quoi, lorsque j'ouvrais le bec pour oser prononcer un reproche presque microbien sur certains de ses comportements, j'étais vivement ramené à ma condition de gigolo. Je n'imagine évidemment pas qu'il en sera de même avec Consuelita qui semble ne posséder qu'un costume de soubrette, un bikini de sagouine, un paréo pour la nuit et une barquasse pour la fuite. Mais, néanmoins, j'ai appris à trier soigneusement ce qui vous est offert de ce qui vous est prêté.

Nous filons à bonne allure sur une mer d'huile, sous un ciel clément et sans lune où brille le milliard d'étoiles habituel, sans un souffle de vent, enveloppés d'un calme que même les brassées d'eau remontées par le mouvement des rames n'arrivent pas à perturber. Je me retourne et loin déjà, l'ombre le Lamb Island n'est plus qu'un souvenir évanescent. Je me retourne à nouveau pour remercier Consuelita. Elle a lâché les rames et porte au bout de ses deux bras réunis un pistolet bien plus gros que celui d'Angie. Je me disais bien aussi que toute cette histoire ne pouvait pas s'arrêter comme ça.

— Pourquoi ?

— Mon père est mort à cause de toi !

— Je n'y suis pour rien. Je ne savais même…

— Ta gueule. Tu vas commencer par me prendre parce que j'aime comment tu prends les femmes !

Et elle se dénude, sans autre forme de procès et me force à en faire de même en me frôlant régulièrement avec son arme à feu. Voilà, nous sommes nus tous les deux, en pleine mer, sur une embarcation sans port d'attache et sur moi s'agite cette Consuelita extatique. Je suis très préoccupé par la situation et ne prête guère attention à ce qu'elle prodigue comme efforts pour se porter jusqu'à l'orgasme. Je me rends seulement compte que plus elle s'en approche, plus le bras qui soutient le pistolet s'élève vers le ciel. Bon sang, cette débile va me faire ça comme une fête nationale !

Je promets ici, solennellement, que malgré une certaine répétition dans les actes, je n'apprécie que modérément le recourt à la force. Lorsque je gifle Consuelita, fort, comme il se doit, mon cœur manque de chavirer et je jure sur la tête de… Glenda par exemple, qu'on ne m'y reprendra plus.

Hélas ! Surprise en plein effort, son corps répond en se contractant. Et le doigt presse la détente.

Au départ, je soupire en constatant que ce n'est là qu'un pistolet à fusées et qu'avec un tel engin, je ne risquais rien de pire qu'une atroce brûlure. Tout de suite après, une fois sous le feu superbe de l'explosif qui vient de décoller et redescend maintenant sous son petit parachute, la peur me ressaisit car j'entends déjà vrombir les hors-bords de Lamb Island.

Au fond de la barque, telle l'héroïne du mal, Consuelita porte une main à sa lèvre et regarde le sang qui en coule. Et puis elle rit, la gourde, sans se cacher, ni les mains ni les poils.

J'abandonne. Cette histoire m'a usé tout mon stock d'optimisme.

La confession numéro deux, celle concernant mon père, est pour moi la plus importante des trois. Elle ne t'éclairera sans doute pas vraiment sur ce personnage et les rapports que j'ai pu avoir avec lui durant les trente dernières années. J'entrevois même d'ici que cette apparition dans le trio de tête ne fera qu'embrouiller les cartes mais qu'importe. Bien assez tôt le voile se lèvera sur cette affaire pour ne pas précipiter les choses.

Je n'ai pas connu mon père.

C'est un bon début, n'est-ce pas – excuse ces passages amers mais l'agressivité n'est pas dirigée contre toi, mon Hector, mon amour, juste les réminiscences de vilaines rancunes.

Il avait quitté ma mère bien avant ma naissance. Et ma mère l'avait enterré au plus profond d'un tombereau de souvenirs qu'elle aurait sans doute préféré ne jamais avoir. Donc, durant les premières années de ma vie, nous n'avons jamais abordé le sujet.

J'ai été élevée dans un matriarcat total, immergée dans ce microcosme involontaire de femmes réfugiées à l'Ouest sans plus aucun contact possible avec leurs origines. Il y avait là, dans le petit appartement de Gamla Stan, le faubourg sud de Stockholm, ma mère et ses trois sœurs, vivant sous la tutelle implacable de la grand-mère Slavia. Après ce qui était arrivé à sa fille aînée, la grand-mère s'était endurcie contre les hommes et elle était prête à affronter les pires protestations plutôt que de laisser l'une de ses descendantes subir la moindre avance. Et pour bien montrer qu'elle s'y tiendrait jusqu'à sa mort, elle ne m'adressait pas la parole, ne me reconnaissait aucune existence, m'ignorait tout à fait.

J'avais douze ans lorsqu'elle est morte.

14
Dans la position du bouchon

Un peu pisse-froid – je suis pourtant un garçon qui ne boude pas son plaisir – j'ai quelquefois du mal à jouir des petits frissons du suspens.

Ici par exemple, tanguant mollement au gré d'une mer stable et sans surprise, ne guettant même plus l'éventualité d'un changement dans les traits victorieux et vengeurs du visage de cette grue hirsute, j'écoute le déplaisir qui sonne à mes oreilles derrière le bruit des puissants moteurs se dirigeant vers nous. Sous la lumière parachutée de la fusée rouge, je m'impatiente presque de cet instant trop long, trop lent, trop pénible à attendre.

Je déteste attendre.

Je suis toujours très à l'heure à mes rendez-vous. La plupart du temps même, en avance. De ces avances en total déséquilibre avec les retards ataviques de mes contemporains. Ainsi ai-je pris l'habitude d'emporter toujours avec moi un roman que je feuillète en patientant. Mais ce serait oublier trop vite mon impatience qui devient un trouble dans la concentration nécessaire à ma lecture. Alors, pour peu que l'emplacement dans lequel je patiente offre une vue dégagée sur l'extérieur, mon attention est irrémédiablement attirée par les déambulations piétonnières, dans l'hypothèse probable d'y surprendre l'arrivée de la personne espérée. Hélas ! jamais cette arrivée ne se produit dans le quart d'heure souhaité et, ainsi, je perds et mon temps – pas si précieux que ça, j'en conviens – et le fil de mon roman – la plupart du temps rédigé par une pointure méritante de la littérature internationale.

Rien de tout cela dans l'immédiat.

Le temps s'étire au point de me faire douter des réelles compétences des moteurs Evinrude. Je soupire. Voilà ma morgue ! Je soupire comme un gosse de riche s'ennuyant à un jubilé. Sans doute Consuelita trouve-t-elle que cet instant de puissante victoire du névrotique sur la raison fatiguée est mal choisi pour jouer les cadors blasés. Toujours est-il que je prends son pied, nu certes, mais à la musculeuse plante, dans les gencives sans pouvoir parer, une fois de plus, le coup.

Enfin, mais que s'est-il passé pendant mes huit heures de vol entre Copenhague et Miami ? Une hyper-révolution féministe qui nous a tous mis subitement à genoux ? Une mutation de la société femelle en tribus d'amazones farouches prêtes à en découdre avec le premier mâle un peu acculé ? Un tanker de testostérone aura-t-il dégazé au large de quelques côtes assidûment fréquentées par de gentilles lectrices de *Biba* ?

Je n'en sais rien mais j'entends ne pas en rester là.

Trop tard !

Les cris rauques et barbares de nos nouveaux assaillants s'approchent enfin et nous voici abordés avec une force virile qui fait presque plaisir à voir. Enfin un peu de flibusterie rondement menée, que Diable ! Et tous ces beaux pithécanthropes en tenue de camouflage de me menacer avec leurs énormes fusils en hurlant de sauvages imprécations dont je me repais comme un jeune éphèbe du Marais face à une équipe de All Blacks scandant leur Haka. Consuelita est immédiatement recalée au rang de misérable pion et embarque sans piper mot sur un flotteur qui la ramène à ses tristes casseroles en virant de bord. Tout ça après avoir ouvert ses cuisses à un gibier de potence, tu parles d'une gloriole !

Alors, apparaît le plus beau d'entre tous.

Ramirez.

Il arrive à bord d'un rutilant cigare qu'il conduit comme une Ferrari sur une patinoire. Il se parque avec force vaguelettes à bâbord, se lève et saute dans mon embarcation tel le cheval emblématique de la Scudéria. Sa crinière empestant l'excès de sébum semble encore plus démodée après ce mile marin à huit cents kilomètres/heure. On dirait un joueur de football du Bayern de Munich millésimé Mondial 82.

Je prends une gifle.

À croire que l'image qu'il m'évoque est lisible dans mes yeux.

Je ne bronche pas.

Je ne bronche plus.

Voilà. Une autre.

Allez, d'accord.

Encore.

Bon, passe.

À la troisième, j'ai du mal à me contenir.

À la quatrième, le souffleur m'envoie ma réplique qui fuse dans la seconde

— Dis-donc, grosse fiotte ! Ça t'écorcherait l'anal de renvoyer tes larbins qu'on puisse se filer des mandales à la régulière ! Ou t'as vraiment du mou de couilles dans le slip ?

Faut pas me polir trop longtemps.

Mais Ramirez ne comprend pas le français et je ne comprends pas Ramirez. Ce qui, au final, me laisse tout pantois entre ses doigts poutreux qui se sont subitement refermés sur mes joues. Sans doute l'animal a-t-il saisi, grosso modo, le sens atrabilaire de ma sortie. Le voilà qui me rapproche de lui en me tenant toujours par les joues, comme s'il voulait me faire avaler de force un bout d'amer. Ce qui sort de sa bouche alors est un étrange sabir dont je saisis, à mon tour et grosso modo, le sens tout aussi atrabilaire. Quelque chose qui, rentré pelle mêle dans mon traducteur espagnol-français datant de ma 6e au collège André Breton, pourrait ressembler à :

— Je sais pas ce que Taburiax va faire de toi, mais j'ai déjà ma taxe sur la bestiole. J'aurai tes couilles et tes oreilles et sûrement la peau de ton gros cul tout blanc.

Tes couilles j'en ferai du lard pour graisser mes gonds de portes. Tes oreilles, je me les collerai dans le froc pour que tu m'entendes quand je pète. Quant à la peau de ton cul, je la foutrai au mur de mon salon juste pour la regarder se rétracter quand je brancherai la clim !

C'est très confus et, indéniablement, le langage des signes aide beaucoup. Après, quand il commence à faire dans la broderie linguistique, je m'y perds. Par exemple, le mouvement qui suit les menaces proférées par Ramirez redevient imbitable : un de ses lieutenants montre un talkie-walkie qu'il tient dans sa main droite et pépie à toute allure :

— *¡ Ramirez ! ¡ Ramirez ! ¡ La base ! ¡ Hay señales sobre el radar de Taburiax !*

— *¿ Que señales ?*

— *¡ No se nada ! ¡ Algo se dirige hacia la isla !*

— *¿ Barcos ?*

— *¡ Muy lejos para saber ! ¡ El eco es muy debil !*

— *¡ Puta madre ! ¿ Y yo que carajo hago con eso ?*

Là, le lieutenant marque une pause dans la conversation pour poser la question de Ramirez à son talkie-walkie. Dans la seconde qui suit son « over », la réponse lui est donnée et il la mugit à Ramirez :

— *Lo llevamos enseguida pero dejamos el barco aqui y tiramos el ancla.*

— *¿ Qué ?*

— *¡ Es lo que dijeron !*

— *¡ Mierda ! ¡ No tengo ancla !*

Après, l'histoire prend vingt minutes.

Les vingt minutes les plus rapides de toute ma vie. Comme si la pile de la montre qui les égrène était à combustion nucléaire.

Je suis ramené sur Lamb Island. On me conduit mitraillette entre les omoplates et sans plus un mot devant un Dr Taburiax qui semble avoir retrouvé toute sa superbe, plus celle de ses 30 ans. À côté, Angie a l'air d'un thon pêché trois semaines auparavant et oublié au fond d'un frigo en panne. Mais la cérémonie est parfaitement rodée.

L'un porte un petit plateau en argent, l'autre une bouteille en verre d'eau minérale. Taburiax me tend le petit plateau et, d'un geste du menton, il me désigne une sorte de microscopique module chromé qui repose en son centre. Aussitôt, pour bien que je fasse l'amalgame, Angie me propose sa bouteille. Incontestablement – qu'aurais-je le droit de contester d'ailleurs, Ramirez vient de dégainer un couteau rambaldien qu'il coince de manière très à propos sous ma trachée artère – il me faudra avaler cette chose si je tiens à ressortir vivant de cette aventure.

Mais qu'est-ce là ? Une drogue ? S'il s'agit d'un cachet chimiquement amphétaminé, je tiens à prévenir l'auditoire que suite à ma précédente ingurgitation d'un tel substitut dans une boite de nuit dont je tairais ici le nom, j'ai passé la soirée à me persuader que j'étais une séquence parfaitement synchrone de la musique ambiante et qu'en tant que tel, je n'étais rien, plus rien, qu'une masse fondue de la rythmique, ce qui m'a valu de me faire éjecter à 8 heures du matin alors que j'insistais pour poursuivre mon expérience de simple segment au centre d'une piste déserte et muette. Sous drogue, je ne vaux rien et je deviens collant.

Un poison ? Alors à quoi sert de me menacer si je dois mourir de toute façon ?

Me voilà maîtrisé sur le champ par des mains expertes qui m'enfilent sans une goutte d'eau la miniature chromée au fond du gosier. Je tousse, toussote et puis, comme on se remet de tout, j'essuie mes yeux et me revoilà sur un hors-bord, en pleine mer, un petit sac sur les genoux et on me redépose dans la chaloupe qui m'emmena là il y a moins d'une heure pour une tentative d'évasion feinte.

Je suis seul au milieu de l'océan.

Le jour se lève sans que j'aie pu fermer l'œil.

Le bruit de l'eau contre la coque additionné à mon imagination cataclysmique ont eu raison de ma fatigue. J'ai vu des requins affamés partout, lancés comme des torpilles à l'assaut de mon embarcation, et maintenant le soleil se lève. Il doit être 6 heures du matin et je ne comprends rien. Alors j'ouvre le petit sac qu'Angie m'a donné en partant.

J'y trouve un sandwich, une bouteille d'eau, une casquette, un tube de crème solaire et un livre d'une cinquantaine de pages seulement. De quoi tenir un strapontin !

Le sandwich est au jambon, au fromage et aux oignons. Je n'ai rien mangé depuis des temps immémoriaux, il est donc dans mon estomac un quart de seconde après son déballage. Je pense même avoir avalé un bout de papier aluminium par mégarde. La bouteille d'eau, parce que je manque de retenue pour les plaisirs courts, est aspirée avec la même avidité et je m'étrangle après que le collier de plastique du bouchon a franchi le cap de mes amygdales. La casquette porte l'estampille d'un sponsor de Formule 1 sévissant aussi dans la fabrication de douilles cancérigènes. La crème solaire est d'un indice auquel je n'aurais jamais pensé. Quant au livre, traduit de l'espagnol en français, il porte un titre à frémir : *L'Histoire tragique de l'homme qui tombait amoureux dans les aéroports.*

Au loin, une brume s'est levée et je ne vois plus les côtes discrètes de Lamb Island. Je me sens terriblement oublié de tous et je songe à toutes ces idiotes, là-bas, qui lisent *Elle, Biba,* ou *Ménopause Magazine,* matées par des idiots qui jouent à la raquette. Je pense aux imbéciles qui s'éloignent lentement sur des routes surbondées vers la destination de leurs rêves payée par une année entière de dur labeur : une plage à la rassurante fréquentation concentrationnaire où les femelles pourront stupidement lire *Elle, Biba,* ou *Ménopause Magazine* en se laissant mater par des idiots à baballes, pendant que leurs mâles subiront de plein fouet la multivision cinémascope de toutes ces autres femmes que la leur qui suivent à la lettre les conseils d'*Elle, Biba,* ou *Ménopause Magazine.* Et, en s'endormant sur leurs serviettes aux motifs palmoïdes, ces crétins songeront avec délice et félicité aux doux jours de leurs vies où ils auront les moyens de partir se planter le cul sur une île du bout du monde, sans rien ni personne pour les perturber dans leur contemplation du néant, juste le bruit du vent dans les branches de gommiers, la clim dans les chambres, les soubrettes lubriques à gogo, et la mer comme un bol d'urine au bleu de méthylène, là, aussi calme et constante qu'un aspirateur arrêté.

Comme j'envie tous ces idiots.

Est-ce que ce cinéma va durer longtemps ?

Je jouais à la poupée, portais les vêtements laissés par mes tantes qui couraient maintenant la campagne, et je restais à la maison avec ma mère pour l'aider aux taches ménagères.

J'avais oublié la possibilité qu'il y ait eu un jour un homme pour me concevoir. C'est ma mère qui m'en parla. C'est elle qui me raconta comment ils s'étaient rencontrés, aimés puis déchirés et pour finir sur une note illustrée, elle m'avait tout de même lâché qu'il était un héros, un agent secret, un anglais de l'ombre, un homme du mystère.

Je passe ici sur les détails qui ont fait ma vie jusque-là, mais lorsque je réussis à reprendre contact avec lui, mon père me fit bien comprendre que je ne correspondais pas vraiment à ce qu'il attendait. Il fut même profondément choqué que je me risque à le retrouver alors qu'il pensait avoir correctement rompu les ponts. L'austérité dont il fit montre à mon égard me blessa passablement et je rejoignis ma mère dans un état de dépit inconsolable. La pauvre tenta tout pour que je ne garde pas de lui cette image de britannique coincé et inaltérable, mais le mal était fait.

Je décidais que mon père était mort et je m'y serais tenu.

Mais lorsque nous avons décidé de nous marier, toi et moi, Maman n'a pas résisté et elle l'a appelé pour le supplier de se joindre à nous pour la cérémonie.

Sans doute aurait-ce été une noce formidable et puis plus jamais nous ne nous serions revus lui et moi. Je ne souhaitais que cela parce qu'il ne t'aurait pas aimé. Seulement le sort en a décidé autrement et lorsque ces gens t'ont enlevé, je n'ai eu que lui vers qui me tourner.

La résistance dont il a fait preuve avant de se laisser finalement entraîner dans ce plan de sauvetage est intolérable. Mais je ne le changerai jamais. C'est un homme perdu dans sa bibeloterie de récits héroïques bourrés d'endorphine, un chasseur indépendant à l'âme sombre dont je n'aimerais pas connaître le plus petit songe.

À l'heure où j'écris cette lettre, je ne sais pas si nous arriverons à te retrouver. Mais je suis certaine d'une chose : si tel est le cas, alors cet homme te sauvera. Quel qu'en soit le prix.

Et puis tu ne le reverras jamais.

Je l'ai trop déçu.

Je n'ai jamais été à la hauteur et le seul choix que j'ai fait dans ma vie lui a inspiré plus que du dégoût : le dégoût de lui-même. James est un grand homme déchu. Le monde qui a accouché de lui s'est effondré il y a bien longtemps.

Et pour lui, aujourd'hui meurt chaque jour.

15

L'attaque des Ninjas-noirs contre Ramirez-le-terrible et ses Pue-la-sueur

Glenda – qui râle souvent pour des choses dont je ne saisis jamais l'urgence – m'accuse sans cesse de trop m'absorber dans mes lectures, au point d'en devenir hermétique au monde qui s'emmerde autour de moi. Je trouvais jusqu'ici la remarque abusive – d'autant que, ça n'est pas vrai, je suis parfaitement capable de faire d'autres choses pendant que je lis, comme fumer et boire, ce qui prouve bien, quand même, une maîtrise certaine.

Dans le cas qui nous occupe – moi planté dans une barque à un mile des côtes de Lamb Island, seul, dans la position du bouchon, un livre entre les mains parce qu'il faut bien passer le temps, surtout quand on ne comprend pas ce qu'on fait là – il est vrai que j'ai du mal à me décrocher de *L'histoire tragique de l'homme qui tombait amoureux dans les aéroports,* et qu'il en sera ainsi jusqu'à la dernière page tant ce Gamboa et son drame aérien me donnent du plaisir. De ce plaisir magnifique qui tombe des livres et vous rend hermétique au monde, transformant votre vigilance en légume blette et vos cinq sens en vieilles taupes déshydratées jouant de la langue sur le sol sec du jardin.

Quand j'achève la dernière ligne d'un livre que j'ai particulièrement aimé, je souhaiterais que le monde autour se rende compte des émotions qui m'ont traversées pour m'amener à cet instant précieux.

Or, que dalle !

Le monde n'est qu'un analphabète qui se lève tard et se gratte les génitales toute la sainte journée en se demandant ce qu'il va bien pouvoir se coller dans l'estomac quand la nuit sera revenue. Lorsque je ferme un roman, le monde autour ressemble à ce qu'il était avant : vilain comme un vilain derrière.

La scène que je découvre en refermant la nouvelle de Gamboa me stupéfie.

À un point tel, d'ailleurs, que j'en viens à me demander si, au bout du compte, des gens de mon très proche entourage – ne nous voilons pas la face, je soupçonne immédiatement Glenda – n'ont pas monté cette séquence de toute pièce exclusivement dans le but de me prouver que oui, et quoique j'en dise, lorsque je me plonge dans un roman, je me rend hermétique au monde et voilà ce qui arrive.

C'est vrai que depuis un moment déjà, j'entendais vaguement de petits bruits secs provenant des alentours où, sans doute, des gamins du voisinage gaspillent leur argent de poche en achetant et faisant sauter des pétards.

Puis arrive le dénouement de la nouvelle et je referme le livre en rendant grâce à l'étonnante culture littéraire d'Angie. C'est là que je perçois une fois de plus la rafale d'un pétard-mitraillette et que remonte à mon esprit une révélation prenant vite forme : il n'y a pas d'enfant sur Lamb Island. Seule y règne une tribu hirsute de pirates à l'ancienne chaperonnée par un Ramirez dont l'hypophyse sécrète une rude cocaïne, une femme de chambre nymphomane par intérêt et une brune tonique qui ne m'aime plus. Ce cosmos chaotique et braillard est administré par une sorte de gourou blanc autoproclamé Docteur – après tout, jamais il ne me fut donné de constater si l'homme exerçait ou non, sous ordonnance d'Hippocrate, pas même un diplôme au mur de cette cave qui lui tenait lieu de bureau.

Voilà qui sont mes plus proches voisins.

Et ces gens ne dépensent pas leur argent de poche dans les explosifs miniatures. Ils sont armés correctement de choses métalliques et compactes qu'ils manient avec une technique plutôt payante. Ainsi, décidé-je de tourner les yeux à tribord et de constater de visu qu'il se déroule là-bas un autre drame encore, duquel on m'a totalement écarté comme on m'a toute ma vie écarté des choses excitantes.

C'est épatant !

De ce que j'en aperçois, on dirait bien des enfants qui jouent.

Des enfants plus grands que la moyenne, dont les jeux seraient un peu plus musclés que ceux de leurs contemporains et qui, une fois à terre ne se relèveraient pas forcément pour repartir au combat, mais des enfants tout de même.

Je devine la troupe de Ramirez aux chevelures longues et sales de ses soldats, à leurs bras ou torses nus, bronzés et lardés de tatouages à la gloire de leurs génitrices, à leurs brames de yaks et la façon qu'ils ont de filer des baffes quand ils tiennent un ennemi.

L'ennemi en question, je ne saurais trop dire, sinon qu'il manque considérablement de tendresse, qu'au désir viril de corps à corps des hommes de Ramirez, il répond par la morgue d'armes à feu dont l'utilisation ultra simple et distante ramène les pirates à une réalité foudroyante. Il est vêtu de noir, semble cagoulé et peu enclin à la discussion.

Qu'est-ce que ces connards viennent donc foutre ici ?

M'aura-t-on éloigné parce que c'est jour d'entraînement pour les sections d'assaut de Taburiax ? Si tel est le cas, le Toubib ferait bien de causer un peu sèchement au coach des ninjas parce qu'à la fin de la saison, il se sera grillé avec toutes les agences de recrutement du continent sud-américain. C'est effrayant. Plus je considère l'aire de jeu, moins j'y vois de pirates valides. La plupart sont au sol en train de faire le mort, une partie réduite continue de se faire assaisonner, détournant assez l'attention des hommes en noir pour qu'une demi-douzaine de survivants prenne le maquis en boitant. Ce qui est encore une dépense inutile d'énergie puisqu' aussitôt une troupe d'élite leur file le train et les abat à peine franchie la lisière des palmiers.

Bon sang !

Douze hommes, beaux guerriers créoles, même pas 20 ans, des types rudes certes, frustes même, mais quel courage ! Quelle détermination ! Et cette franchise dans les yeux... On sentait bien avec ces gens que toute chose serait dite et que rien ne resterait tapi dans l'ombre d'un ressentiment. Avec eux, un non est un non et sur l'accord passé, on ne revient pas. L'état sauvage confère bien souvent à l'homme de peu une dignité dont pourrait s'inspirer sans mal cette bande de pleutres qui assassine à l'arme lourde de bons gars, pirates il est vrai, mais sans aucun doute poussés à agir par une inextinguible soif de conquérir une honorabilité.

— Bââââââââtttttaaaaaaards !

Brusquement atteint d'un syndrome de Stockholm éclair, me voici dégoûté, appuyant ma haine impuissante d'un ruissellement lacrymal contre lequel je ne peux rien. Alors je hurle, là, debout sur ma barque. Je hurle de douleur pour ces amis même pas rencontrés et sitôt perdus !

— Bande de bâtards ! Venez ici que je vous chie dessus ! Aaaaaah !

Oh ! Comme je suis malheureux !

Oh ! Comme je regrette d'avoir attiré l'attention des ninjas noirs !

En voilà un qui m'a entendu. Il me voit maintenant. Il fait signe à l'un de ses compagnons de cagoule, et les voici qui se dirigent en quelques foulées vers une barque à moteur qui tanguait paisiblement au gré des flots.

Merde !

Quel imbécile !

Qu'est-ce que je vais faire maintenant ?

Qu'est-ce qu'il me reste ?

Quitte à choisir entre quelques balles éparpillées dans ma carcasse et les requins, je ne choisis rien parce que dans les deux cas, j'aurai droit aux requins.

Chié !

Même pas une rame pour me défendre et les voilà qui arrivent.

Alors ?

Alors mon sang ne fait qu'un tour.

Je ne suis pas un héros, ne l'ai jamais été – et d'entendre Balavoine miauler la même constatation quand j'étais tout môme me rassurait déjà – mais au crépuscule de ma vie, me voici prêt pour l'adoubement. Lorsque les deux hommes virent de bord pour s'amarrer à ma barque, l'un d'eux retire sa cagoule pour me présenter un visage affable et souriant duquel s'échappe un visiblement sympathique :

— *Hello, I'm Major Leiter ! Don't be afraid ! We're here to rescue you !*

… auquel – nous savons tous ça maintenant – rien je ne bite. Alors, tel le kamikaze japonais au manche de son Zero apercevant, là en bas, un porte-avion américain, je prends mon élan (ce qui n'est pas aisé sur une si petite embarcation) et me jette vivant sur eux dans l'espoir que mon poids en tuera au moins la moitié d'un. Je crois que celui que je visais est, hélas ! le mieux entraîné des deux et qu'il a perçu trop rapidement l'effet nuisible de mon triste stratagème. Il s'écarte facilement et je m'estourbis dans le fond de leur barque, allant cogner ma tête contre quelque chose de creux qui sent l'essence.

Les deux hommes se penchent sur moi.

Ils me sourient, mais semblent inquiets tout de même. Le second a, lui aussi, retiré sa cagoule. J'ai vu leur visage, mort donc je suis. Je préfère ne même pas savoir de quelle façon ils vont me finir. Je me laisse flancher lentement dans la tourbe de l'assommement.

Dans cet ordre, à peu près, mes dernières pensées vont thématiquement à :

– Angie : cette fille méritait sans doute qu'on la comprenne mieux, qu'on s'y attache davantage.

– Taburiax : malgré une impertinence idiote, un œil de dingue et des idées pas toujours très claires, cet homme aurait nécessité une attention particulière. Sans doute aurait-on pu faire des choses bien ensemble, après s'être apprivoisés l'un l'autre.

– Consuelita : je pense à peu près la même chose, qui sait ce que cette fille avait vraiment dans le crâne ? Comme il aurait sans doute été facile de la satisfaire, suffisamment pour qu'elle cesse de souffrir et reprenne le cours d'une vie normale, avec des amants et un père affable quoiqu'un peu collant.

– Glenda : une ultime fois j'évoque ma presque femme. À elle aussi, il sera dit que je n'ai pas laissé sa chance. À elle aussi, il aurait certainement été important que je parle avant de mourir pour comprendre le fin mot de son histoire, petite fille riche perdue dans sa pauvre normalité sans rien de palpitant, même pas l'ombre d'une nanopassion à se carrer entre les deux cervelets pour rêver un peu.

Regardez comme ce monde est triste avec ses égarés, largués pour quatre-vingts ans sans savoir quoi faire de leurs orteils, que tromper l'ennui en s'arquant sur des petits riens, des petites douleurs.

Dans la bibliographie de Gamboa en exergue de sa nouvelle – je m'en souviens brusquement, alors que le goût du sang envahit mon palais, qu'il ne soit rien dit d'autre, je meurs, bon sang ! – j'ai vu qu'il avait écrit un roman dont le titre sonne comme le glas de tout ici : *Perdre est une question de méthode.*

Mourrons avec ça en guise d'épitaphe songeuse.

J'arrive au bout de cette lettre, mon amour.

Les mots qu'il me reste à t'écrire sont sans doute les plus douloureux que j'aurai à confier de toute ma vie. Rétrospectivement et proportionnellement, ce que j'ai subi jusqu'à ce jour n'est rien au regard de l'aveu que je vais te faire aujourd'hui.

Ici commence donc l'histoire de Jean Bond.

L'homme qui t'a fait enlever à l'aéroport de Copenhague de la manière que nous savons s'appelle Fédor Taburiax. C'est un fou dont personne n'avait jusqu'ici entendu parler et dont personne n'entendra plus parler désormais. Les raisons qui l'ont poussé à tenter ce kidnapping t'échappent très certainement. Elles ne visaient pourtant qu'une chose : provoquer mon père du fond de sa retraite. Alors pourquoi t'avoir choisi toi, son impossible beau-fils, au lieu de moi, sa propre fille ?

Tout le problème réside dans cette confusion entre deux cibles qui se sont confondues.

Sans vraiment s'en rendre compte, au travers du chagrin insondable qui a englouti une bonne partie de sa jeunesse, ma mère m'a élevée dans la haine des hommes. Cette espèce capable de maltraiter, de soumettre, de dépouiller, d'écraser, avec laquelle néanmoins la femme doit composer pour faire face à l'univers.

16
L'homme en combinaison de plongée

J'ai très vite cessé, dans ma vie, de perdre du temps avec les croyances séculaires. J'ai su très tôt que ni Dieu, ni le Père Noël, ni le loup derrière la fenêtre, n'existaient. Et ce pour trois raisons très simples : Dieu ne m'a jamais fait le nez différent que je lui ai pourtant réclamé pendant si longtemps sur les conseils de ma grand-mère ; le Père Noël ne m'a jamais apporté le nez que je lui commandais chaque mois de décembre, comme ma mère me disait qu'il fallait faire ; le loup derrière la fenêtre a toujours préféré rester derrière la fenêtre pour me faire peur au moment de dormir plutôt que d'aller, comme je le lui ordonnais, croquer le postérieur des deux salopards précédents.

Aussi quand mes yeux viennent à s'ouvrir et que je découvre la chambre blanche autour de moi et ce bel ange blond qui me regarde à l'envers avec son sourire inversé qui s'élargit de plus en plus à mesure que mes paupières remontent, je n'ai aucun doute sur l'endroit dans lequel j'émerge : ça ne peut pas être le paradis, c'est bien le monde réel. Ou alors, oui, Dieu existe et il est encore plus con et vicieux que tout ce que j'aurais pu imaginer.

L'ange blond qui sourit au-dessus de moi, c'est Glenda !

Par exemple : vous êtes Dieu.

Vous savez que la moitié de la population mondiale tente vingt-quatre heures sur vingt-quatre, à raison de mille quatre cent quarante minutes par jour, soit quatre-vingt-six mille quatre-cents secondes à la journée, de se connecter à Votre Grand Portail afin que Vous preniez en considération leurs doléances et le plus rapide moyen d'y remédier. « Mon nez est trop moche… », « Ma femme n'aime pas la fellation… », « Mon peuple meurt de faim… », « J'aime Thierry mais je sais pas si… », « Est-ce que mon proprio peut pas mourir, comme ça… », « Les Fingers, maintenant que Monsieur Plus il est mort, Vous pouvez en mettre plus dans le paquet ? » Est-ce que franchement, Vous allez Vous amuser, juste comme ça pour le plaisir de faire chier le monde, à faire exactement tout le contraire de ce qu'on vous supplie de faire ?

Hein ?

Bon, on est d'accord !

Donc, quand je reconnais Glenda au-dessus de moi, je sais que je ne suis pas au paradis, que Dieu n'existe pas, et je me frotte immédiatement les yeux parce qu'il me reste la solution du mauvais rêve. Mais non, rien n'y fait ! Même en frottant très fort jusque derrière le globe oculaire comme si mes poings étaient des gommes, en faisant un nœud au nerf optique, Glenda est toujours là. Et, histoire de mieux m'enfoncer cette idée au fond du crâne, la voilà qui parle et que les larmes lui coulent sur les joues puis sur les miennes, comme seule la vraie Glenda sait faire :

— Mon amour, mon amour, mon amour…

Oui, c'est un peu limité comme conversation, mais je connais la bête et son émotivité de belle-mère : ça ne fait que commencer, d'ailleurs la voilà qui m'enlace. Elle sue abondamment de sous les bras, deux auréoles m'enveloppent le visage qui sentent l'aigre et la malle arrière de vieux 4x4, avec couverture à chien.

— Mon amour, mon amour, mon amour… Bouhouhou…

Une porte s'ouvre quelque part dans la pièce, dérangeant cette scène de retrouvailles lourde comme une moustiquaire en cotte de mailles. Prise en faute, Glenda se redresse.

L'homme a une soixantaine d'années, peut-être même plus. Sans doute a-t-il été très beau, mais il est aujourd'hui décati par un goût immodéré pour le soleil. Il se tient incroyablement droit, semble posséder une musculature irréprochable qui lui aura sans doute longtemps permis de venir à bout des femmes les plus retorses. Je suis infoutu de dire ce qui m'instille cette idée, mais je lui trouve quelque chose de profondément britannique. Le port ? La mâchoire ? La minceur des lèvres ? Ce côté « je lutte ardemment contre une féminité induite par mon aristocratie et je vous emmerde » ? Même sa calvitie est portée avec fierté alors qu'il devait y avoir là, vingt ans plus tôt, un casque parfait de cheveux sombres autorisant les plus irréprochables brushings. Il porte une combinaison de plongée qui goutte encore, mais même engoncé dans cette gangue de néoprène, il ne perd rien de sa classe internationale. Je pense que ce type pourrait entrer ainsi vêtu au bar du Ritz-Carlton de Monaco et commander un Martini dry sans que personne ne trouve à y redire.

Son regard passe de Glenda à moi et de moi à Glenda, comme s'il trouvait incroyable qu'il puisse exister sur terre deux personnes si dépareillées. Puis il prend une profonde inspiration, semble se retenir à quatre fois pour ne pas nous adresser la parole à l'un ou à l'autre, et il ressort parce qu'au loin quelque part, quelqu'un vient de tirer un coup de feu et certainement la balle a-t-elle atteint son but puisque aussitôt un autre se met à brailler comme un gosse tombé en short d'un vélo en mouvement.

— C'était qui ?

— Mon amour, mon amour, mon amour…

— Glenda ?

— Oui, mon amour ?

— Qu'est-ce que tu fous là ?

— Mon amour, mon amour, mon amour… Bouhouhou…

Je n'aime pas que Glenda m'embrasse comme ça, partout, avec cette odeur de bave qui sèche derrière. Je n'aime pas Glenda. Je n'aime plus Glenda. Voilà. Que les choses soient bien claires et définitives dans mon esprit : de toute façon je n'aime plus Glenda. Sans doute depuis plus longtemps que je ne le pense. Mais là, aujourd'hui, j'en suis persuadé.

J'aime Angie.

— Glenda…

— Non, mon amour, ne parle pas. Nous avons tout le temps.

— Non, Glenda, écoute-moi s'il te plaît.

— Mon amour, mon …

— Arrête avec tes « mon amour », bordel !

— Ne hurle pas comme ça, Hector, s'il te plaît !

Oui, j'aime Angie !

Quoi ?

Qu'est-ce que vous imaginiez ?

Qu'en quarante-huit heures de temps, avec toutes ces péripéties dont j'ai dû comprendre approximativement le quart, j'ai oublié cette poignée de secondes où elle m'est apparue telle qu'en elle-même, frôlant le plancher du VIP Lounge de ses talons perchés, immense brune à la posture dangereuse pour le futur homme marié que j'étais alors ? Retournez donc aux premières pages et mettez-vous à ma place, frêle garçon impressionnable que j'étais, et dites vous bien que quoiqu'il puisse advenir par la suite, on reste profondément marqué par un tel instant de félicité. Et combien ont vécu de tels instants de tentation absolue sans jamais oser sauter le pas, hein ?

Combien ?

Voilà.

Vous faites moins les malins, maintenant.

— Je hurle, si j'ai envie d'hurler ! Tu m'entends, pauvre grue ? Qu'est-ce que tu fous là au milieu de tous ces décérébrés ? Tu veux bien m'expliquer ?

— Hec…

— T'es venue là pour foutre ta merde, c'est ça, hein ?

— …tor !

— T'es venue vérifier par toi-même si je m'étais pas barré avec une autre ? Ben j'espère que t'as trouvé un billet pas trop cher parce que tu vas être servie.

Je vais le vider mon sac, bon sang ! Des hectolitres de ruminations que je vais lui déverser sans me retenir ! Je suis en verve. J'ai le verbe facile. Je vais être très attentif à la liste des récriminations, et puis je vais m'inventer une ou deux galipettes extra-conj', juste pour enfoncer le clou rouillé. Mais un truc explose.

Le son arrive après.

Ou alors il revient après une courte interruption.

Ici, on a juste les gravats. Le plafond s'est effondré. J'ai du plâtre dans les yeux. Je tousse et crache du mollard blanc. Et Glenda chouine à côté de moi, sa mise en plis toute dépliée. On dirait qu'elle sort la tête d'une saucière dans laquelle a mariné trop longtemps un bœuf marengo raté.

Alors le silence retombe, juste après la chute des dernières poutres.

À moins que je ne sois brutalement devenu sourd.

— Papa !

Non, je ne suis pas sourd !

J'enregistre, décode et attribue le glapissement précédent à Glenda. Donc j'entends. Elle se redresse lentement, le regard partiellement halluciné, le reste très inquiet.

— Daddy !

Cette fille est timbrée, il ne manquait qu'une déflagration pour la précipiter. La voilà atterrie je ne sais où, mais sans doute pas très loin à la droite des illuminés du septième ciel.

— DADDYYYYY !

Elle sort précipitamment de la chambre en hurlant.

Bon, ça c'est fait ! Je ne vais peut-être pas trop traîner moi non plus, des fois que les Ninjas Noirs nous en remettent un ou deux bâtons dans le voisinage. Je me lève. J'ai un peu mal à la tête. Je me souviens du bruit métallique dans le canot du major Leiter à un moment de ma vie, mais je refuse de penser à un traumatisme crânien. La porte est tombée au passage de Glenda, je la franchis donc sans risquer d'en faire grincer les gonds et, dans le couloir, je décide de prendre à gauche, c'est-à-dire à l'opposé absolu de la direction prise par ma grosse blonde, sans la moindre intention de regarder à droite.

J'aurais dû.

— Djine !

Je ne me ferai jamais à ce changement radical de mon identité. Djine ne veut rien dire pour moi, juste que quelqu'un est en train d'appeler quelqu'un d'autre, donc que ça ne me regarde pas, que ce n'est pas mon affaire et qu'ainsi je vais poursuivre ma route vers là-bas où il y a une sortie, un chemin qui mène à une plage, une barque à moteur forcément – tout le monde en a, pourquoi pas moi – et je vais me barrer d'ici…

— Djine ! Ne bouge plus ou je la tue !

Oui, bon ça va, j'ai compris que la vie ce n'est jamais une autoroute sans péage plongeant entre les cuisses écartées du bonheur *ad lib.* Je sais qu'il y a toujours un vigil pour venir vous poser son gros battoir bagousé sur l'épaule et vous gronder dans l'oreille : « T'es sorti sans payer, mon pote. Maintenant, tu me suis jusqu'au bureau, on va causer entre hommes ! » Je sais tout ça.

Je vais me retourner – regardez, ça va prendre un peu de temps, mais je vais me retourner – et je vais la regarder bien en face votre réalité à la con.

Voilà, ça va comme ça ?

Glenda est debout, pas très sereine, elle grimace et/ou pleure, sans doute parce que le canon du gros pistolet qui lui vrille la tempe droite est un peu rêche et Glenda n'aime que les trucs doux, tièdes, un peu mous, tendres quoi. Si je l'avais écoutée, elle refaisait tout l'appartement avec des cloisons en coton. Derrière elle, très agrippée à son bouclier, Angie, un peu décoiffée elle aussi – quoique ça lui sied davantage – semble au bout du rouleau et qui sait si, sans cette arme à la main qu'elle braque contre Glenda, elle n'apparaîtrait pas un peu faiblarde dans le rôle de la garce.

— Si tu fais encore un pas en arrière, je la bousille !

— Enfin, mais bordel, qu'est-ce qui se passe ici ? Qu'est-ce que tu fous là, Angie ? Comment tu connais Glenda ? Est-ce que quelqu'un va m'expliquer…

Non, personne ne va m'expliquer.

Moins Angie qu'une autre maintenant qu'elle a valdingué contre le mur, la tête coupée en deux, menace interrompue en plein exercice de ses fonctions par la balle justicière du superbe anglais en combinaison de plongée.

— Daddy !

— *Glenda, get out of here ! I told you not to leave the boat, god damned !*

— Daddy !

Et Glenda de bondir dans les bras du plongeur sexagénaire décati et trop bronzé. Enfin, je vois clair dans leur jeu à tous les deux – quoique je ne comprenne toujours pas ce qu'ils foutent ici exactement, ni pourquoi Angie menaçait Glenda, encore moins pourquoi le plongeur a tué Angie…

— Pourquoi ce connard a flingué cette fille ?

Glenda me regarde comme si je venais de déféquer au centre de la table pendant un dîner de belle-famille. Le type en caoutchouc la repousse. Et ouais, mon pote ! je pense, tu vas savoir ce que c'est que la glue. Tu t'es choisi cette fille et tu entrevois tout juste la mouscaille dans laquelle tu t'es fourré.

— Enfin, Hector, mais c'est mon père, voyons !

— Quoi ? Ce connard qui vient de flinguer la femme de ma vie est ton père ?

— HECTOR !

— *What did he said ?*

Glenda est horrifiée.

Le père grimace.

Et Angie fait comme dans tous les bons films qui ne finissent jamais de ne plus en finir : elle se redresse lentement en fond de décor et brandit le pistolet que personne n'a songé à lui retirer.

Les gens sont parfois d'une négligence.

J'étais un petit garçon de 9 ans lorsque j'ai décidé de prendre activement part à cette douleur. Je n'ai évidemment parlé à personne de ce monstrueux projet, je l'ai laissé mûrir lentement en moi. Au fil du temps, je me suis renseigné, j'ai étudié la question avec des médecins, j'ai passé des tests psychologiques, moteurs, tout ça dans le plus grand secret, en passant le reste de mon temps à me comporter comme le plus honnête des hommes. Tant et si bien qu'à mes 18 ans, j'étais prête. Sous le prétexte d'un camp d'été, j'ai quitté Stockholm pour Bernes le 29 juillet 1988. Là, j'ai rencontré le Dr Marcus Magg et nous avons ensemble commencé le travail qui devait libérer Jean Bond de son piège corporel.

Je passerai sur les traitements médicaux et chirurgicaux qui font qu'un homme devient une femme à l'aide d'un bistouri et d'une bonne demie douzaine d'années d'études. Ça ne ferait qu'accroître la peur que, sans aucun doute, t'inflige cette révélation. Comme tu peux le constater, ces manipulations ont parfaitement fonctionné.

Je suis une femme jusqu'aux limites du possible.

Je suis rentrée à Stockholm six mois plus tard. Je n'avais donné aucune nouvelle parce qu'un tel contact aurait été pour moi une chance d'échapper à ma volonté. Ma mère avait alerté mon père, des recherches avaient été entreprises dans le monde entier parce que le grand Bond s'était soudainement senti visé : on avait enlevé son fils dans le but de le faire chanter ou quelque chose d'à peu près aussi paranoïaque.

Je pense que c'est cela qu'il ne m'a jamais pardonné.

De l'avoir dérangé. D'avoir mis en branle toute cette affaire pour cette broutille carnavalesque.

Ils étaient tous les deux dans le salon du petit appartement de Gamla Stan quand je suis rentrée. C'était un hasard, un coup du sort que je n'aurais même pas osé envisager. Bond était de passage en mission à Stockholm et il venait tenir ma mère au courant des derniers résultats qui mentionnaient ma présence à Bernes trois mois plus tôt.

Et soudain, j'apparais.

Il me regarde – il ne m'a vu que deux fois au cours de sa vie mais je sais qu'il me reconnaît immédiatement – il blêmit et me dit :

— Va te démaquiller, Jean. Ta mère était très inquiète. Tu ne peux pas lui présenter tes excuses dans cet état.

Et puis il est parti.

17

Wouah !

D'aussi loin que je me souvienne, j'ai toujours été un homme d'images.

Par exemple, s'il m'avait été donné de faire autre chose de ma vie – j'entends par là qu'une entité créatrice sympathique aurait pu faire que je ne rencontre pas Glenda ou alors juste pour une nuit, ce qui m'aurait évité de me mettre en remorque, activité qui, à elle seule, demande temps, souffle et repos – j'aurais sans aucun doute exercé la magnifique profession de réalisateur.

J'aurais fait des films d'action, principalement.

Des choses avec des explosions, peu de dialogues ou alors avec beaucoup de grossièretés dedans, des ventilateurs pour envoyer de l'air dans les cheveux des comédiennes, des cascadeurs partout, des voitures qui sautent sur les rampes invisibles et des méchants musculeux avec des armes tellement lourdes qu'une seule de leur cartouche justifie la saillie de leurs triceps. Bon sang, quand je vois un film d'action, je vois tous ces trucs qui glissent comme sur une toile cirée, toutes ces histoires pas possibles à raconter sans qu'on se moque de vous, tous ces machins qu'ils font sans se faire la moindre entorse, et je me dis qu'heureusement, moi, j'ai rencontré Glenda. Parce que réalisateur, en fait, je n'aurais jamais eu le courage, juste les idées, un peu, deux-trois images comme ça en y réfléchissant longtemps, mais bon.

J'y pense justement parce que je viens tout juste d'assister à un de ces moments impossibles qui font qu'un bon film est un bon film, tout invraisemblables que puissent être les séquences qui le constituent : donc, dans l'ombre de la pièce dans laquelle je suis en compagnie de Glenda et de son père, voilà qu'Angie se redresse alors qu'elle vient d'être lobotomisée par un bout de métal puissamment catapulté depuis l'arme à feu de l'homme en scaphandrier. L'espace d'une nanoseconde, je suis fou de joie parce qu'Angie est en vie. Ensuite, tout va très vite, c'est pourquoi la scène se déroule au ralenti, pour bien que tout le monde saisisse précisément ce qui se passe :

Angie pointe son arme en direction du père de Glenda. Elle tremble, sans doute la mort s'insinue-t-elle déjà profondément jusqu'à cette ultime extrémité.

Le père de Glenda étant tourné vers moi ainsi que sa fille suite au dialogue rapporté dans le précédent chapitre, ils ne se rendent compte ni l'un ni l'autre que leurs nanosecondes sont comptées.

J'espère qu'Angie sait viser parce que ces gens me fatiguent et que la faucheuse ne lui donnera le temps de tirer que deux coups, et parce que je n'aimerais pas avoir à choisir.

Cet espoir doit se lire sur mon visage : Glenda suit mon regard et s'aperçoit brusquement que, derrière eux, Angie s'apprête à presser la détente de son pistolet.

Glenda articule un truc du genre : « Attention ! Papa ! »

Sa voix, ralentie elle aussi, est ridiculement masculine. Elle saute sur son père pile au moment où Angie tire.

Pile au moment où Angie tire, surgissant de la porte ouverte à main gauche, le Dr Taburiax débarque en hurlant, une mitraillette à la main, lui aussi doigt sur la gâchette, extrêmement menaçant à notre endroit.

Son incursion l'interpose entre nous et sa fille.

Mais sa fille a pressé la détente une nanoseconde avant l'incursion de son père.

Ainsi la balle qui s'extrait du canon de l'arme d'Angie est-elle la plus rapide dans ce grand instant de regrettables coïncidences.

Traîtresse, elle frappe le Dr Taburiax dans le dos, le soulevant de terre parce que, si petite soit-elle, c'est tout de même une balle fortiche.

Au même instant, alerté par le cri ridiculement masculinisé de sa fille au ralenti, l'homme en combinaison de plongée fait volte face et tire dans le tas deux balles qui voyagent avec une extrême vélocité vers leurs destinations finales.

La première atteint la cage thoracique de Taburiax, qui semble rebondir dessus et repartir de là où il venait.

La seconde est stoppée par la gorge d'Angie, qui explose et se répand en confiture de fraise du Maroc sur le mur de derrière.

J'espère pour le Dr Taburiax qu'il avait essaimé ailleurs parce qu'à l'heure qu'il est, la question de sa descendance semble réglée. Unis dans la mort à quelques centimètres l'un de l'autre, tués encore plus bêtement que dans un simple accident de la route. Brusquement, l'image d'une Angie footballeuse ayant marqué contre son camp à la fin des arrêts de jeu s'impose à moi alors que j'exècre le ballon rond depuis la finale de la Coupe d'Europe des clubs champions, le 29 mai 1985 au stade du Heysel, quand Liverpool et la Juventus de Turin ont joué le match alors que quarante-deux supporters étaient en train de crever dans les gradins. Ça me rend triste et je reste un temps à regarder le bout d'un de ses seins qui a glissé hors de son chemisier, telle *La Liberté guidant le peuple.* Quelques heures auparavant, j'observais le même spectacle de son vivant et nous volions sans le savoir, l'âme en paix, vers cette exécrable aventure.

Quel gâchis ! Avec la plastique qu'elle avait, pourquoi cette fille n'a-t-elle pas cherché un autre boulot, un truc plus pépère : docteur en physique nucléaire par exemple, ou romancière californienne, ou capillicultrice-bioesthéticienne, ou caissière à Codec. Enfin un truc facile et pas chiant qui vous éloigne radicalement d'une mort violente à moins que vous ne soyez phobique des passages piétons et des feux rouges.

— Hector ?

— Oui ?

— Hector, tu es là ?

— Pourquoi, j'ai pas l'air ?
— Je ne sais pas.
— Ah ! Bon.
— Je peux m'asseoir à côté de toi ?
— Bien entendu.
— Tu me fais une petite place ?
— Voilà.

Glenda s'assoit avec moi sur le coffre à bouée du pont arrière du grand yacht qui nous éloigne de Lamb Island, d'où s'élèvent encore les fumées noires des diverses batailles qu'ont remportées les Ninjas Noirs de l'homme à la combinaison de plongée.

— Comment s'appelle ton père, déjà ?
— James, pourquoi ?

James, voilà.

James n'est pas réapparu depuis notre départ. Il est monté à bord du même canot que nous après nous avoir littéralement chassés à coup de pieds du bungalow où la scène s'était produite. Il a plongé vers je ne sais quel recoin obscur de son bateau et nous avons levé l'ancre. Un type en short et casquette blanche est venu monter au mât les couleurs flottantes d'un Union Jack rutilant qu'ils avaient dû planquer pour le débarquement. J'ai fantasmé quelques minutes encore sur le pied de grue que j'allais faire en rentrant, devant l'ambassade d'Angleterre à Paris jusqu'à ce qu'ils m'écoutent leur raconter par le menu les exactions menées par certains de leurs concitoyens contre de tendres peuplades îliennes à l'autre bout du globe… Et puis Glenda est arrivée, me gâchant mes dernières images de Lamb Island comme à un gosse regardant s'éloigner la colonie de vacances qui abrita ses premières aventures extra-parentales.

— Tu es triste ?

— Hm.

— C'est normal, tu sais. On appelle ça le syndrome de Stockholm. C'est quand on tombe amoureux de ses tortionnaires.

— Ah !

— …

— …

— Tu penses à cette fille ?

— Laquelle ?

— Tu as eu une aventure avec elle ?

— Glenda, s'il te plaît.

— Excuse-moi. Tu m'as tellement manqué.

Elle m'écrase dans ses bras dont chacun des muscles hurle en même temps qu'elle : « Tu nous as tellement manqué ! » Puis elle me lâche, me pousse pour bien me regarder, droit dans les yeux, elle pleure un peu, elle tremble aussi. Je crois qu'elle doit être fatiguée, et alors quand Glenda est fatiguée, c'est chiant.

Quand Glenda est fatiguée, vous pouvez vous briser les deux jambes, vous tordre tous les doigts de la main gauche et vous chibrer un à un les ongles de la droite dans un stupide accident ménager au cour duquel les trois quarts de votre appartement ont brûlé, vous n'arriverez pas à la hauteur de l'intérêt que Glenda porte à sa fatigue. Elle va vous écouter vous plaindre environ quarante secondes et puis elle va regarder ailleurs en soupirant, et puis en soupirant encore elle va vous dire :

— Je suis fatiguée. C'est pas croyable comme je suis fatiguée. C'est bien simple, je suis épuisée de fatigue.

Dans pareil cas, il est déconseillé de se plaindre immédiatement parce que le pire reste à venir : le récit des événements qui ont amené Glenda a être aussi fatiguée.

— Qu'est-ce qu'il y a ? T'es fatiguée ?

— Non, pourquoi tu dis ça ? J'ai l'air fatigué ?

— Non, non, pas du tout. T'as bonne mine, t'inquiète pas.

— Ah, bon ! Tu m'as fait peur.

Sur le coup, je suis content que Glenda ne soit pas fatiguée.

Et Glenda est sans doute soulagée de savoir qu'elle n'a pas l'air fatigué. Tellement soulagée qu'elle me fait un sourire. J'aime bien quand Glenda sourit. Mais pas trop parce qu'après elle devient collante, et puis ça chauffe, elle se met à baver, ça m'excite, elle me file sa langue partout où j'ai des trucs qui s'éloignent ou qui dépassent, ça me met tout droit, je m'emballe, elle perd ses moyens, on en vient à laisser nos mains traîner dans des coins pas propres et ça, avec Glenda ça n'est pas possible du tout. Alors, elle me repousse, on arrête et je m'absente quatre minutes dans la salle de bain.

— Tiens. C'est pour toi !

— C'est quoi ?

— Lis, tu verras. Ou ne lis pas. C'est comme tu veux. Et puis si tu veux aussi, on en reparlera plus tard. À moins que tu ne veuilles pas en reparler. Comme tu le sens. Je vais te laisser, je vais aller me reposer. Si tu veux me voir, je suis dans ma cabine.

Je trouve que la tenue militaire lui va plutôt bien à Glenda.

Je lui regarde presque le derrière quand elle s'éloigne sur le pont en direction des écoutilles. Mais ça me rappelle Copenhague, l'aéroport et Angie. Alors je détourne le regard avant que Glenda ait disparu de mon champ de vision.

C'est quoi cette lettre qu'elle m'a donnée ? Pourquoi faut-il toujours que les filles nous écrivent des lettres longues comme trois rouleaux de papier hygiénique, dans lesquelles elle se plaignent de toute une liste de choses que nous avons parfois mis toute une vie à acquérir (abdos-beurre, téléphagie, poitrinophilic, collections de boites, etc.) ?

Je n'ai aucune envie de lire aucune lettre que ce soit.

J'ai envie de m'accouder au bastingage pour regarder mes souvenirs sauter dans le canot de sauvetage, border les drisses et filer en vent arrière vers Lamb Island sans que personne ne les voient, réveiller le corps miraculeux d'Angie et s'excuser de ma part auprès de Consuelita.

Et tout ce que pourra me raconter cette pauvre Glenda dans sa misérable lettre ne me chagrinera pas moins, ne m'émouvra pas plus, ne me retournera pas davantage que ces deux derniers jours auxquels je n'ai délicieusement rien compris, pendant lesquels je suis redevenu un gamin de 8 mois qu'on lange, nourrit, berce et amuse pour qu'il vous laisse dormir entre les quarts. Je serais prêt à beaucoup de choses pour revenir à cette époque bénie dont nous ne conservons aucune trace.

Alors le vent du large se lève.

Alors il s'engouffre sur les passerelles.

Alors il file sur le pont arrière.

Alors il rampe vers moi.

Alors il soulève la lettre de Glenda.

Alors je la regarde tomber par-dessus bord.

Qu'est-ce qu'on dit en pareil cas ?

Une lettre à la mer ?

Vous plaisantez j'espère.

Taburiax t'a enlevé parce qu'il savait que Bond avait un fils vivant à Paris. Il avait sans doute même l'adresse et des gens pour nous surveiller. Mardi dernier, tu as cru avoir perdu tes papiers. Ils t'ont été volés. Ses sbires ont constaté que tu t'appelais Hector Malbarr et ont cru à un faux grossier. Pour te faire sortir d'Europe sans encombre, ils ont donc refait de faux-vrais papiers au nom de Jean Bond.

Une fois sur place, Taburiax avait dans l'idée de faire mariner l'Homme du MI-6 pour qu'il retourne la terre entière à ta recherche. Taburiax cherchait quelqu'un à sa démesure pour finir ses jours sans s'ennuyer. Bond était un ennemi de très haute estime. Visiblement, quelque chose n'a pas marché dans ce plan ridicule puisque hier après midi, à peine douze heures après ta disparition, un message non crypté est arrivé dans les bureaux du MI-6. C'est comme ça que nous sommes entrés dans la danse et que nous t'avons récupéré.

Maintenant, tu sais absolument tout et sans doute ne comprends-tu rien de ce qu'il t'arrive.

Sans doute refuseras-tu même de comprendre de quoi il s'agit.

Comment peux-tu t'être fourvoyé de la sorte ? dois-tu penser à l'heure qu'il est.

Sache seulement – si cela peut t'aider d'une manière ou d'une autre – que quelques hommes illustres ont succombé à d'autres femmes trompeuses et qu'il s'en écrit des légendes amères mais romantiques.

Nous serons à Stockholm demain dans la soirée.

Le mariage n'a pas été annulé.

La nappe blanche et les dragées sont toujours en place, les couverts en argents attendent que le plan de table indique leurs places aux invités.

Si tu le veux encore, je peux être ta femme.

Sinon, un avion est en bout de piste pour t'emmener où bon te semble.

Ce ne sont pas des histoires de petits garçons, Hector. Juste un secret de grande personne qui n'aurait jamais dû sortir de son trou noir. Je suis désolée que tout ceci ait pris le pas sur notre belle histoire. Mais il ne tient qu'à toi désormais que cette histoire continue.

Je ne t'en voudrais de rien. Rassure-toi.

Je t'aime.

Glenda

PS : Glenda était le nom de la sainte que l'on fêtait en Suisse le jour où je me suis éveillée en femme.

18
Épilogue

J'ai épousé Glenda.

Oui, je sais, ça fait bizarre, après tout ce que j'ai pu dire sur elle. Mon indigestion, mes reproches larvés, ma ritournelle comparative avec la callipyge Angie, tout ça. Je suis pourtant là, devant l'autel, à genoux sur la peau de mouton, en train de lui passer la bague au doigt sous le regard dépouillé de bondieuseries d'une église œcuménique du sud de la Suède. À ma droite, Papa James ; à ma gauche, Maman Anya ; partout derrière, des bus entiers ont dégueulé des brouettes d'invités semi-séniles parmi lesquels surnagent de temps à autre une délicieuse filleule, nièce ou cousine qui sourient facilement parce qu'elles ne comprennent pas ce que je dis.

Dehors la mer Baltique ne fait rien. Ni ne bouge, ni ne recule. Seuls les poissons qui s'y gèlent crèvent parfois ses flots plats pour tenter de s'échapper en direction d'une libellule, sans doute dans l'idée de lui piquer ses ailes et de filer vers les Indes.

Quel tableau !

Avec moi au milieu. La dragée, le petit baigneur, le garçon.

Son père m'a pris par le bras hier soir, deux minutes après que son hélicoptère personnel a cessé de ventiler le paysage alentour. Il avait l'air passablement agacé. Je ne sais pas pourquoi. Je pense juste que c'est une des choses qui peut assez bien le définir. En fait, je pense que M. Bond n'est pas heureux, qu'il tente de le faire savoir par de micro tentatives très pudiques qui tombent à plat parce qu'il n'est entouré de rien qui puisse lui porter l'attention qu'il espère. Glenda m'a raconté qu'il vit reclus dans un château d'Écosse sans domestique ni maîtresse, juste un garde-chasse de trente ans son cadet, précisément choisi pour son manque d'intelligence et un bec de lièvre qui le prive de l'usage de la parole.

Il m'a pris par le bras et nous nous sommes éloignés dans le vert de la campagne environnante. Il voulait marcher vite, moi pas. Nous avons ralenti l'allure. J'ai allumé une cigarette avant de lui en proposer une. Il a levé les yeux sur moi pour refuser, a de nouveau jaugé l'impeccabilité du vernis de ses Church bicolores puis, dans un français académique des plus doctes, il m'a déroulé le préambule suivant :

— Je ne vous ai pas sauvé la vie pour que vous épousiez ma fille, M. Malbarr. J'exècre votre nom. J'exècre votre famille. J'exècre l'union moite des deux corps gras qui ont donné le jour à votre misérable et mesquine petite existence. J'exècre jusqu'à cet instant qui m'oblige à toucher votre bras pour vous mener ici. Si ça n'avait tenu qu'à moi, je vous aurais laissé mourir dans l'île, de faim, d'une balle dans la tête, de la chtouille ou de tout autre raffinement qu'aurait concocté ce docteur pour tromper l'ennui que lui causait mon absence.

Un temps après cette dernière réplique, James a comme un flottement. Ses sourcils montent puis descendent. Il observe avec perplexité un bout de courant d'air qui passe par là, puis ne trouvant visiblement rien de mieux à faire, il plonge la main dans la poche latérale droite de son costume de velours gris et en tire une petite feuille froissée sur laquelle on a écrit à l'aide d'un ordinateur puis d'une imprimante. Il hausse de nouveau les sourcils cependant qu'il lit la note, puis il reprend son monologue en quittant le papier des yeux, le pliant soigneusement et le rangeant dans la poche latérale gauche de son costume de velours gris.

— Je vous ai sauvé la vie, un point c'est tout. Et vous m'êtes redevable de ça. Je compte mettre à contribution cette dette dès que la comédie sera terminée. Est-ce que vous comprenez à quoi je fais allusion, jeune homme ?

— Absolument, Beau Papa.

À nouveau, James a ce moment de flottement qui précipite son regard vers le bout de courant d'air et sa main vers son texte dans la poche latérale droite. Ne l'y trouvant pas, il fait preuve d'une grande détermination à l'y vouloir déterrer tout de même. Je le regarde faire en me disant qu'il va forcément passer à la poche gauche, non parce que le souvenir de l'avoir rangé là va lui revenir brusquement, mais au moins parce que c'est un cheminement logique.

Or, James semble, en cet instant, monomaniaque de la poche latérale droite.

La gauche n'est pas possible.

— La poche gauche, Beau-Papa.

— *I beg you pardon ?*

Je lui montre en langage international comment il a commis la stupide erreur de loger son texte dans la poche latérale gauche de son costume de velours gris quelques secondes plus tôt. M'aurait-il remercié ? Rien. L'individu glisse sa main dans la poche latérale gauche, hésite, puis ressort la main armée de son texte et là, il me voit.

Je ne sais pas pourquoi, ni qui j'étais pour lui jusqu'à cet instant mais, subitement, il n'y a pas d'autre mot, il me voit.

James blêmit quelque peu mais peu de temps. Il considère sans doute que la situation est suffisamment mal entamée pour la poursuivre plus avant. Il me jette la feuille au visage et s'en va. En le regardant partir, j'imagine qu'il va remonter dans son bel hélicoptère et qu'ainsi, sans un mot pour sa fille et le bel avenir que je représente, il va filer rejoindre son château à la con et son garde-chasse monotone.

Mais non.

Il passe sous les pales en ne baissant pas la tête, et s'éloigne vers la maison principale de la propriété qu'il a louée pour l'occasion.

C'est un mail imprimé sur une feuille ayant longuement voyagé entre diverses poches latérales gauche et droite, dans des costumes de diverses étoffes. On y lit ceci :

From: mmpny
Sent: Tuesday, september, 16th 2003 – 22 :08
To: xxx890034fgTT@vvv.eg
Suject: translation

Dearest James,
I've this translation for you. Hope my old french schoolwork would be helpfull.
Best and tender regards.

Mmpny.

PS: Is that boy your new son in law ? What an odd manner in which to congratulate him on his wedding, don't you agree ?

Je ne vous ai pas sauvé la vie pour que vous épousiez ma fille, M. Malbarr. J'exècre votre nom. J'exècre votre famille. J'exècre l'union moite des deux corps gras qui ont donné le jour à votre misérable et mesquine petite existence et j'exècre jusqu'à cet instant qui m'oblige à toucher votre bras pour vous mener ici. Si ça n'avait tenu qu'à moi, je vous aurais laissé mourir dans l'île, de faim, d'une balle dans la tête, de la chtouille ou de tout autre raffinement qu'aurait concocté ce docteur pour tromper l'ennui que lui causait mon absence.

Je vous ai sauvé la vie, un point c'est tout. Et vous m'êtes redevable de ça. Et je compte mettre à contribution cette dette dès que la comédie sera terminée. Vous ne connaissez certainement rien de l'histoire interne de Mlle Glenda Amasova-Bond et c'est un bienfait. Sachez juste qu'elle n'est certainement pas la personne que vous croyez mais là encore, je ne m'étendrai pas tant la situation me répugne. J'en viens donc à ce qui nous concerne aujourd'hui et vous livre le programme des réjouissances qui suivront cette noce ridicule à laquelle nous nous livrerons l'un comme l'autre avec la plus grande courtoisie — si vous y dérogez, je vous garantis un certain nombre de foudres dont aucune ne vous laissera en état.

Vous épouserez ma fille cet après-midi à 15 heures précises. À la suite de quoi, nous nocerons de concert jusqu'à une heure avancée de la nuit, temps que je mettrai à contribution pour saouler abondamment la mariée. Soyons clair, mon cher M. Malbarr, vous ne déflorerez pas Miss Amasova-Bond, ni ce soir, ni jamais. À l'heure où celle-ci vomira son champagne au-dessus d'une cuvette en faïence, vous serez dans un avion pour la destination de votre choix, solidement décidé dans ce voyage par une mallette en bagage accompagné contenant deux millions de dollars en petites coupures.

Ceci n'est pas une proposition, elle n'est donc pas à prendre ou à laisser. Vous serez dans cet avion, à 2 heures du matin quoiqu'il advienne. C'est un Gulf-Stream 5 affrété par la Royal Air Force qui ne trouverait pas très sport vos valses hésitations. Je vous conseille donc de mettre à profit les heures qu'il vous reste pour songer à votre destination et me tiens à votre entière disposition pour entendre votre considération sur le sujet.

J'y songe encore quand le pasteur me répète dans un français lacustre si oui ou bien, je souhaite prendre pour épouse la fille à côté de moi. Je ne souhaite pas le moins du monde épouser cette personne. Je ne l'ai jamais souhaité, je ne le souhaiterai jamais. Tout cela avec une détermination qui frôle l'absolu magnifique, alors vous imaginez bien que je ne vais pas me priver :

— Oui, je le souhaite.

Puis viennent les agapes, nombreuses et encombrées par les chapeaux des dames. On me parle peu. Je souris beaucoup. Et je songe, en buvant du champagne de bonne qualité. J'entrevois vaguement quelques personnes de ma famille qui s'approchent mais me laissent à mon trouble visible, me félicitant d'une tape gaillarde entre les épaules. Ma femme virevolte et parfois se pose à côté de moi. Plus la nuit tombe plus elle est ivre. Nous nous croisons, James et moi, à 22 heures, dans l'étroite bande du couloir qui mène aux cuisines.

Je me penche quelques secondes à son oreille, le temps de la faire rougir. Il se redresse. Il voudrait bien négocier mais on ne lui a pas traduit ces répliques-là. Alors, d'un geste vaguement moins agacé que tout à l'heure, il m'envoie promener.

On emporte Glenda dans la position dans laquelle elle s'est effondrée quatre minutes plus tôt, au bout de la table d'honneur.

Dans l'allée de gravier, une limousine se gare.

Mr Bond sort de table.

Mrs Amasova nous observe en se mâchant l'intérieur des joues.

La limousine est suffisamment spacieuse pour qu'accompagné d'un chauffeur et de deux molosses silencieux, je me sente désespérément seul. Quant à l'avion et à l'hôtesse, l'un comme l'autre ne parlant pas français, c'est en ermite que je fais le voyage du retour.

On dira ce que l'on voudra des Britanniques, la colonisation leur aura au moins inculqué le respect des habitations indigènes. La demeure pharaonique du Dr Taburiax n'est même pas émaillée par le plus petit impact de balle. Ça et là sur l'île, d'autres constructions plus sommaires ont reçu leur part du combat, mais l'essentiel est préservé. Quant aux cadavres, là encore, l'Anglais, dans son profond respect de la sépulture, a pourvu aux rituels : derrière le réservoir à eaux de pluie, au fond d'un trou suffisamment profond, une dalle de béton achève de sécher.

Je me promène tout une partie de l'après midi, remettant à plus tard le moment où je me déciderai pour la sieste réparatrice. Je fais le tour. Il y a trente bungalows.

Sur le lit à eau du vingt-sixième, pleure l'inconsolable Consuelita.

J'ai trois valises.

Dans la première, des paréos, des maillots de bain, des masques et des tubas, des chaussures en plastoc, des shorts en coton, des T-shirts blancs et une cartouche de cigarettes.

Dans la seconde – parce que je n'ai jamais su répondre à la question « Quels sont les dix films ou romans que vous emmèneriez avec vous ?» — mes soixante-trois DVD préférés dont *Diamant sur canapé, L'Homme qui tua Liberty Vallance, Bullit, L'Affaire Thomas Crown, Apportez-moi la tête d'Alfredo Garcia, Plein soleil, Le Guépard, Le Voyeur, L'Aventure de Madame Muir, Il était une fois en Amérique, La Dame du lac, Ascenseur pour l'échafaud* et *Les deux anglaises et le continent.*

Dans la troisième, mes deux cent bouquins pas encore lus dont *Perdre est une question de méthode, L'Œil du criquet, Ada ou l'Ardeur, Les Vitamines du bonheur, Les Compagnons de la grappe, En crachant du toit des buildings, Souvenir d'un pas grand-chose, Larchmutz 5632, À quatre mains, Midnight Examiner, Retombée de sombrero, Harlot et son fantôme, La mort c'est pour les poires et Blonde.*

Par quoi vais-je commencer ?

Le vent ou la bataille a fait tomber quelques fines particules de gommiers sur le seuil de ma maison. Je vais commencer par balayer devant ma porte. Et, si le temps reste au beau, peut-être ira-t-on faire un tour en mer ?

Chère Maman, cher Papa,
Je suis bien arrivé et je m'amuse bien.
Il y a peu de gens ici, donc ils sont plutôt gentils.
Je crois que je vais rester encore un petit moment.
Il n'y a rien à faire, donc ça va prendre du temps.
Si vous voulez m'écrire, ça va être compliqué.
Si vous la voyez un jour, dites à Glenda
que c'était pas possible.

Merci pour tout.
Je vous aime bien.
Je vais penser à vous autant que je pourrai.
Je vous embrasse quand même.
Pardon pour le reste mais je suis un égoïste
et c'est agréable.

H.

Special thanks :

Hector Malbarr tient à remercier les personnes suivantes qui l'ont aidé, a posteriori et donc trop tard, à décoder quelques unes des répliques de ce récit :

Miguel Bejo, pour s'être glissé dans la bouche de tous les hispanophones ici cités, du plus obséquieux au plus vulgaire,

Joseph Areddy, pour avoir su traduire tout ce que les langues anglaises et américaines cachent de saveurs.

L'auteur, quant à lui, remercie Christophe Dupuis qui fut le premier lecteur et transmetteur de ce texte, et Stéfanie Delestré pour tout le boulot qui a suivi…

Du même auteur :

La Jeune Fille & le Cachalot, Éditions Cylibris, 2003.

Le Tri sélectif des ordures,
Bernard Pascuito Éditeur, 2008.

Mat-Sperone : mes amis mortels, Toucan Noir, 2008.

Échantillons gratuits, Les Petits Matins, 2008.

Mort à Denise, Éditions Baleine,
collection « Le Poulpe », 2010.

Achevé d'imprimer par Corlet, Imprimeur, S.A. - 14110 Condé-sur-Noireau
N° d'Imprimeur : 132321 - Dépôt légal : septembre 2010 - *Imprimé en France*